SketchUp
パーフェクト
［作図実践＋テクニック編］
SketchUp Free & SketchUp Pro 2019対応

アーキビット 阿部秀之 ［著］

X-Knowledge

本書をご購入・ご利用になる前に必ずお読みください

- 本書の内容は、執筆時点（2019年6月）の情報に基づいて制作されています。これ以降に製品、サービス、その他の情報の内容が変更されている可能性があります。また、ソフトウェアに関する記述も執筆時点の最新バージョンを基にしています。これ以降にソフトウェアがバージョンアップされ、本書の内容と異なる場合があります。

- 本書は、SketchUp Free（バージョン1.2）/SketchUp Pro 2019の解説書です。本書の利用に当たっては、SketchUp Free/SketchUp Pro 2019がパソコンにインストールされている必要があります。

- SketchUp Pro 2019のダウンロード、インストールについてのお問合せは受け付けておりません。また、SketchUp Pro 2019評価版については、開発元・販売元および株式会社エクスナレッジはサポートを行っていないため、ご質問は一切受け付けておりません。

- 本書は、Windows 10がインストールされたパソコンで、SketchUp Free（バージョン1.2）を使用して解説を行っています。内容はSketchUp Free/SketchUp Pro 2019のいずれも検証済みです。ただし、ご使用のOSやアプリケーションのバージョンによって、画面や操作方法が本書と異なる場合がございます。

- 本書は、パソコンやWindowsの基本操作ができる方を対象としています。

- 本書の利用に当たっては、インターネットから教材データをダウンロードする必要があります（P.015参照）。そのためインターネット接続環境が必須となります。

- 教材データを使用するには、SketchUp Free（バージョン1.2）／SketchUp Pro 2019が動作する環境が必要です。これ以外のバージョンでの使用は保証しておりません。

- 本書に記載された内容をはじめ、インターネットからダウンロードした教材データ、プログラムなどを利用したことによるいかなる損害に対しても、データ提供者（開発元・販売元等）、著作権者、ならびに株式会社エクスナレッジでは、一切の責任を負いかねます。個人の責任においてご使用ください。

- 本書に直接関係のない「このようなことがしたい」「このようなときはどうすればよいか」など特定の操作方法や問題解決方法、パソコンやWindowsの基本的な使い方、ご使用の環境固有の設定や特定の機器向けの設定などのお問合せは受け付けておりません。本書の説明内容に関するご質問に限り、P.271のFAX質問シートにて受け付けております。

以上の注意事項をご承諾いただいたうえで、本書をご利用ください。ご承諾いただけずお問合せをいただいても、株式会社エクスナレッジおよび著作権者はご対応いたしかねます。予めご了承ください。

- SketchUpおよびSketchUp Pro、SketchUp Freeは米国Trimble社の商標または登録商標です。
- 本書中に登場する会社名や商品名は一般に各社の商標または登録商標です。本書では®およびTMマークは省略させていただいております。

カバー・本文デザイン	長 健司（kinds art associates）
編集協力	杉山 梢
印刷	株式会社ルナテック

はじめに

　本書はSketchUpを使って3次元モデルを作成する手順を説明した解説書です。

　本書を読みながらモデリングを行うことで、建物の3次元モデルが作成できるようになることを目指しています。もちろん建物だけでなく、家具やプロダクトデザインなどのモデル作成にも応用できます。

　chapter 1では、SketchUpを使う前の準備として、アプリの起動やファイルの保存方法などの基本操作や、インターフェースの名称、テンプレートの作成手順などについて解説しています。

　chapter 2では、モデリングを行う上でよく使うツールをピックアップして、基本的な使い方を紹介しています。

　chapter 3では、ツールの使い方の練習として「マグカップ」の作成手順を解説しています。ここで解説していることを実際に手順通りに行うことで、ツールの使い方や画面の移動方法にも慣れると思います。

　chapter 4では、戸建て住宅モデルの作成手順を解説しています。作成の準備から躯体モデルの作成、建具の作成と配置、内外装の仕上げまでを解説しています。ここでの操作を一通り実践することで、SketchUpのモデリングに自信が持てるようになるでしょう。

　chapter 5では、実践テクニックとして、球の作成方法や、曲面に画像を貼り付ける方法など、使っているときに役立つテクニックを解説しています。特に複雑なモデルを作成するときに役に立つテクニックとして、「柱仕口を加工する」ではコンポーネントとX線表示を利用して編集する方法を解説しています。

　3次元ソフトはさまざまありますが、SketchUpは自分の思い描いたモノを一番簡単に表現できるツールだと思います。

　本書は無償のSketchUp Freeと有償のSketchUp Proの両ユーザーが利用できるように執筆しました。まずはSketchUp FreeでSketchUpでのモデリングの手軽さ、楽しさを知っていただきたいと思っています。ひとりでもSketchUpユーザーが増えることを期待しています。

阿部秀之

SketchUpギャラリー

本書では、SketchUpの基本操作から、コップのモデリング、住宅の建築モデリング、モデリングのテクニックまでを幅広く解説している。本書を理解し、さらに有償版の「SketchUp Pro」やCGソフトなどと連携すれば、表現の幅は一気に広がる。ここでは、SketchUpでできることと、他ソフトと連携してできることの例を紹介する。

さまざまな立体モデルを作成できる

SketchUpでは、建築物をはじめ家具や設備、小物などの立体モデルを作成できる。

←日曜大工やセルフリフォームなどを行う際は、2次元の図面よりも3次元モデルのほうが完成像をイメージしやすい

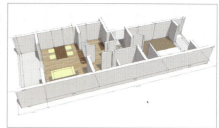

↓平面図の壁を立ち上げて、マテリアルを指定するだけでも見栄えがよくなる

Google Earthにモデルを配置してシミュレーションする

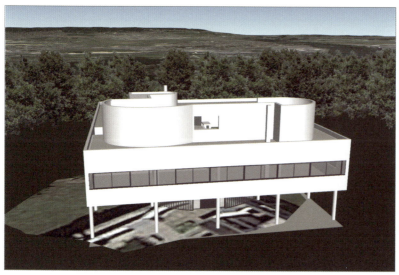

作成したモデルをKMZファイルに書き出す（Pro版のみの機能）と、3次元地図ソフト「Google Earth」で読み込むことができる。3次元の地図上にモデルを配置して、周辺環境とのボリュームや調和の検討が行える。

3Dプリンタでモデルを立体化する

作成したモデルをSTLファイルに書き出すと、3Dプリントサービスなどを利用して実物化できる。3Dプリンタを持っていなくても造形でき、費用を最小限に抑えられる。

作成したモデルをBIMソフトで活用できる

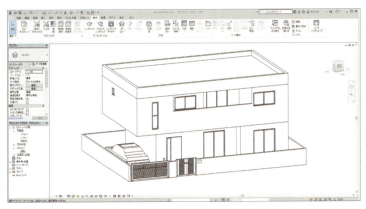

SketchUpで作成したSKPファイルは、BIMソフト「Archicad」や「Revit」で読み込むことができる。SketchUpは立体を簡単に作れるので、部品作成などに活用するとよい。図は、SketchUpで作成したモデルを、Revitに読み込んだ画面。

CGソフトと連携して より豊かな表現をする

多くのCGソフトでSKPファイルを読み込むことができる。図は、CGソフト「Twinmotion」に、SKPファイルをインポートして添景を配置した画面。よりリアルで高画質なCG表現が可能だ。

ゲーム作成ソフトと連携して モデルをVRに活用する

「Unity」や「Unreal Engine」などのゲーム作成ソフトでも、SketchUpで作成したOBJファイルやSTLファイルを読み込むことができる。VRの世界で作成したモデルを体験することが可能だ。図は、Unreal Engineで読み込んだ画面。

CONTENTS

SketchUpギャラリー ———————————————————————— 4

本書の読み方 ———————————————————————————— 12

教材データのダウンロードについて ——————————————— 15

chapter 1 　SketchUpを使うための準備 ———————— 17

section 1-1　SketchUpとは ————————————————————————— 18

1-1-1 ● SketchUpではどのようなことができるのか ——————— 18

1-1-2 ● SketchUpの各種プラン ——————————————————— 19

1-1-3 ● SketchUpの動作環境 ——————————————————— 19

section 1-2　SketchUp Freeを使うための準備 ———————————— 20

1-2-1 ● Trimbleアカウントを登録する ———————————————— 20

1-2-2 ● SketchUp Freeの起動（2回目以降）——————————— 23

1-2-3 ● SketchUp Freeの終了 ——————————————————— 24

1-2-4 ● SketchUp Freeのファイルの仕組み —————————————— 24

1-2-5 ● 新規ファイルの作成 ————————————————————— 25

1-2-6 ● インターネットに保存されたファイルを開く ————————— 26

1-2-7 ● インターネットにファイルの名前を付けて保存する ————— 27

1-2-8 ● インターネットにファイルを上書き保存する ———————— 27

1-2-9 ● インターネットに保存されたファイルを削除する ————— 28

1-2-10 ● SKPファイルとしてパソコンに保存（ダウンロード）する —— 29

1-2-11 ● パソコンに保存されたSKPファイルを読み込む ————— 30

1-2-12 ● 独自のテンプレートを作成する ———————————————— 31

section 1-3

SketchUp Freeのインターフェース ————————————— **34**

1-3-1 ● インターフェースの各部名称 ————————————— **34**

1-3-2 ● メニューバー ————————————————————— **35**

1-3-3 ● ツールバー ——————————————————————— **36**

1-3-4 ● パネルバー ——————————————————————— **38**

section 1-4

SketchUp Proを使うための準備 ——————————— **40**

1-4-1 ● SketchUp Proの起動 ————————————————— **40**

1-4-2 ● SketchUp Proの終了 ————————————————— **41**

1-4-3 ● ファイルの新規作成 ————————————————— **42**

1-4-4 ● テンプレートを指定して新規ファイルを作成する ——— **42**

1-4-5 ● 既存ファイルを開く ————————————————— **43**

1-4-6 ● ファイルに名前を付けて保存する ————————— **43**

1-4-7 ● ファイルを上書き保存する ————————————— **43**

1-4-8 ● テンプレートを作成する ——————————————— **44**

section 1-5

SketchUp Proのインターフェース ————————— **46**

1-5-1 ● インターフェースの各部名称 ————————————— **46**

1-5-2 ● トレイの操作 ————————————————————— **47**

1-5-3 ● ツールバーの操作 —————————————————— **49**

1-5-4 ● 各ツールバーとツールの名称 ————————————— **51**

section 1-6

画面操作と推定機能（スナップ） ——————————— **55**

1-6-1 ● 画面操作 ——————————————————————— **55**

1-6-2 ● 推定機能（スナップ） ————————————————— **61**

CONTENTS

chapter 2 基本操作と必須ツール ——————————— 65

section 2-1 [選択] ツールで図形を選択する ——————————— 66

section 2-2 測定ツールバーに数値などを入力する ——————— 69

section 2-3 [線] ツールで線を書く ——————————————— 70

section 2-4 [長方形] ツールで長方形を書く —————————— 72

section 2-5 [円] ツールで円を書く ——————————————— 73

section 2-6 [テキスト] ツールで文字を記入する ———————— 74

section 2-7 [移動] ツールで図形を移動／コピーする ————— 76

section 2-8 [回転] ツールで図形を回転する —————————— 77

section 2-9 [尺度] ツールで図形のサイズを個別に変更する —— 78

section 2-10 [メジャー] ツールで描画領域にある
すべての図形のサイズを変更する ——————— 80

section 2-11 [プッシュ／プル] ツールで平面図形を立体図形にする — 81

section 2-12 [フォローミー] ツールでパスを利用して面を押し出す — 83

section 2-13 [分割] 機能で線を分割する ——————————— 84

section 2-14 [交差] 機能で面を分割する ——————————— 85

section 2-15 [ペイント] ツールで色／素材を適用する ———— 86

section 2-16 [グループ][コンポーネント] 機能で複数の図形をひとまとめにする —— 88

column ● Trimble Connect とは ——————————— 92

chapter 3　マグカップの作成 ———————— 93

chapter 3で作成するモデル ————————————————— 94

section 3-1　マグカップの平面を作成して立体化する ———————— 95

3-1-1　●　「マイテンプレート.skp」を別名で保存する ———————— 95

3-1-2　●　カップと取っ手の基礎を作成する ———————— 97

3-1-3　●　平面を立体にする ———————— 98

3-1-4　●　円柱をくり抜き、カップ状にする ———————— 99

section 3-2　取っ手を作成してカップ本体に接合する ———————— 100

3-2-1　●　取っ手を作る ———————— 100

3-2-2　●　カップ本体に取っ手を接合する ———————— 104

section 3-3　画像を貼り付け、質感を与える ———————— 107

3-3-1　●　マグカップのモデルに画像を貼り付ける ———————— 107

3-3-2　●　影とスタイルで質感を与える ———————— 110

section 3-4　モデルを印刷する／画像として書き出す ———————— 112

3-4-1　●　印刷する ———————— 112

3-4-2　●　画像として書き出す ———————— 114

column　●　3D Warehouseにモデルを公開する ———————— 116

CONTENTS

chapter **4** 戸建て住宅の作成 —————— 117

chapter 4で作成するモデル —————————————— 118

section 4-1 平面図の作成と立体化 ————————————— 119

4-1-1 ● ガイドを作成する ————————————— 119

4-1-2 ● 1階部分を作成する ———————————— 122

4-1-3 ● 2階部分を作成する ———————————— 130

4-1-4 ● 屋根を作成する ————————————————— 137

4-1-5 ● 1階、2階と屋根とを組み合わせる ————— 139

section 4-2 外部建具の作成と配置 ————————————— 141

4-2-1 ● 外部建具を作成する ———————————— 141

4-2-2 ● 建具のサイズを変更する ————————— 149

4-2-3 ● 建具（窓）を配置する 方法①ガイドの利用 ——— 153

4-2-4 ● 建具（窓）を配置する 方法② [メジャー] ツールの利用 —— 155

4-2-5 ● 玄関を配置してポーチを作成する ———— 160

section 4-3 外装／内装の作成と仕上げ ————————— 164

4-3-1 ● タイルのマテリアルを作成して貼る ——— 164

4-3-2 ● 階段を作る ————————————————— 173

4-3-3 ● 内部を仕上げる ——————————————— 179

4-3-4 ● 外構を作成する ——————————————— 183

section 4-4 スタイルの設定／アニメーションの作成 —— 184

4-4-1 ● 影を表示する ——————————————— 184

4-4-2 ● スタイルを変更する ————————————— 185

4-4-3 ● シーン機能でアニメーション表示する ——— 187

chapter 5 モデリング実践テクニック ——————— 191

section 5-1 球体を作成する ——————————————————————— 192

section 5-2 鏡像複写する ——————————————————————— 194

section 5-3 図形の交差で面を作成する ————————————————— 196

section 5-4 立体をくり抜く ————————————————————————— 198

section 5-5 S字パイプを作成する ——————————————————— 200

section 5-6 曲面に画像を貼り付ける ——————————————————— 202

section 5-7 直方体を面取りする ———————————————————— 208

section 5-8 厚みのない壁に窓を作成する —————————————— 215

section 5-9 寄棟屋根を作成する ———————————————————— 219

section 5-10 切妻屋根を作成する ———————————————————— 223

section 5-11 柱仕口を加工する ———————————————————— 232

section 5-12 影の動きをシミュレーションする ————————————— 240

section 5-13 直階段を作成する ———————————————————— 244

section 5-14 L字階段を作成する ———————————————————— 254

索引 ——————————————————————————————— 263

FAX質問シート ———————————————————————— 271

本書の読み方

本書について

本書は「SketchUp Free」および「SketchUp Pro」を使って3次元モデルを作成する、実践的な操作方法について解説している。そのため、WindowsまたはMac OSパソコンの基礎知識および基本操作をマスターされている人を対象としている。

本書におけるSketchUpのバージョンとOS

本書は「SketchUp Free」および「SketchUp Pro」の使用に即した内容になっている。2019年6月現在、SketchUp Freeのバージョンは1.2、SketchUp Proのバージョンは2019である。最新バージョンとは一部表示が異なる点があることをご了承いただきたい。また、Mac OS版をご利用の場合、ほぼ同様に操作できるが、マウスボタンやショートカットキーなどについては適宜読み替える必要がある。
たとえばキー操作の場合、
- Windowsの Ctrl キーは、Mac OSでは command キー
- Windowsの Alt キーは、Mac OSでは option キー
- Windowsの Enter キーは、Mac OSでは return キー

にそれぞれ置き換えられる。

本書は、2019年6月現在リリースされている「SketchUp Free」および「SketchUp Pro」の仕様に即した内容となっている。そのほかのソフトウェアについても同様である。

本書の構成

本書では、実際に操作を行いながら順番に学習することを想定している。

ページ構成

本書では、実際にSketchUpを操作しながら学習することを想定している。chapter 1でSketchUpを使うための準備と予備知識、chapter 2で基本的なツールの使い方を習得した後、chapter 3では初歩的な操作の習得としてマグカップのモデリングを行う。chapter 4ではより実践的に戸建て住宅のモデリングを行い、さらにchapter 5では高度なモデリングテクニックについて解説している。

ファイルマーク

本文に図のようなファイルのマークが付いている場合、練習用、参考用のファイルが用意されている。P.015に教材データのダウンロード先などが記載してあるので、参照していただきたい。

 モデルの作例ファイル「5_1_kansei.skp」は、教材データの「chapter5」フォルダに収録されています。

HINT

操作を進めていくうえでの注意点や操作のコツ、応用テクニックなどは随時、「HINT」として紹介している。SketchUpのプログラムの不具合に起因すると思われる症状なども記しているが、バージョンアップなどによって不要になる知識があるかもしれないことをご了承いただきたい。

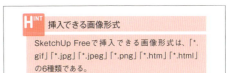

Pro版では

本書では、SketchUp Freeをもとに操作方法を解説している。SketchUp Proにおいて操作方法が異なる場合などは随時、「Pro版では」として紹介している。

表記と凡例について

SketchUpの操作を解説するにあたり、本書では原則的に以下のような表記に準じている。

メニュー名やツール名、パネル名、ボタン名

SketchUpをインストール/アンインストールしたり、SketchUpを操作する際に表示されるメニューやコマンド、ツール、パネル、ダイアログボックスの名称、ダイアログボックス内に表示されている固有の名称は、すべて [ ] でくくって表記する。なお、ツールパレットやダイアログボックスのアイコン、ボタンの名称は、それらにカーソルを合わせた際に表示される名称に準じている。

例：[線] ツールを選択する。

サブメニュー

メニュー内にコマンド名やサブコマンドがある場合、ダイアログボックス内に階層がある場合は、「ー」でつないで表記する。

例：[面を交差] ー [モデルと交差] を選択する。

文字・数字入力/キーボードのキー

任意の数字や文字を入力する場合は、「　」で括って表記する。また、キーボードのキーは白黒反転の囲み文字で表記する。

例：キーボードから「100」と入力して Enter キーを押す。

推定点/推定方向

推定点/推定方向（P.061～）については囲み文字で表記する。

例： 原点 と表示される位置をクリックする。

マウスの操作

マウス操作について解説する際の用語とその意味は、下表のとおり。

用語	意味
クリック	マウスの左ボタンを1回押し、すぐ放す動作。
ダブルクリック	上記の「クリック」操作を素早く2回繰り返す動作
トリプルクリック	上記の「クリック」操作を素早く3回繰り返す動作
移動	マウスのボタンに触れずにマウスを動かし、画面上のカーソルなどを操作する動作
ドラッグ	マウスの左ボタンを押したままマウスを動かし、左ボタンを放す動作。ドラッグ＆ドロップと同義
右クリック	マウスの右ボタンを1回押し、すぐ放す動作。面上などで右クリックすると、コンテキストメニューが表示される
カーソル	画面上でマウスの動きを示すポインタのこと

マウスの操作の図示

マウス操作を図に示す場合は、次のように表す。

クリックする位置は赤の引き出し線または赤い丸で囲んで示す。ダブルクリック、トリプルクリック、右クリックについても同様

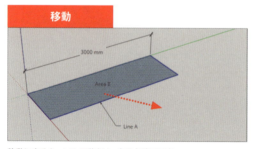

移動によるカーソルの動きは、赤の点線で示す

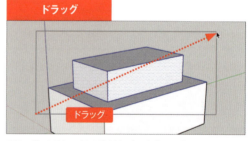

ドラッグによるカーソルの動きは、赤の点線で示す

キーボードからの入力操作

「キーボードから「1000,250」と入力する」というように、数字や記号、アルファベットを入力し、その値を画面右下の［測定ツールバー］に反映する場合は、原則としてテンキーから入力するか、キーボードの入力モードを「半角英数」に切り替えて行う。入力モードが「半角英数」以外の場合、本書の記述どおりの結果が得られない場合がある。

教材データのダウンロードについて

本書を使用するにあたって、解説で使用する練習用データをインターネットからダウンロードする必要がある。

教材データのダウンロード方法

●Webブラウザ（Microsoft Edge、Internet Explorer、Google Chrome、FireFox）を起動し、下記のURLのWebページにアクセスしてください。

http://xknowledge-books.jp/support/9784767826592/

●図のような本書の「サポート＆ダウンロード」ページが表示されたら、記載されている注意事項を必ずお読みになり、ご了承いただいたうえで、練習用データをダウンロードしてください。

●教材データはZIP形式で圧縮されています。ダウンロード後は解凍（展開）して、デスクトップなどわかりやすい場所に移動してご使用ください。

●本書各記事内には、使用するデータのフォルダとファイル名を記載しています。練習用データの中から該当するファイルを探してご使用ください。

●教材データは、SketchUp Free（バージョン1.2）／SketchUp Pro 2019が動作する環境で使用できます。

●教材データに含まれるファイルやプログラムなどを利用したことによるいかなる損害に対しても、データ提供者（開発元・販売元等）、著作権者、ならびに株式会社エクスナレッジでは、一切の責任を負いかねます。

●動作条件を満たしていても、ご使用のコンピュータの環境によっては動作しない場合や、インストールできない場合があります。予めご了承ください。

教材データのフォルダ構成

解凍(展開)後の練習用データのフォルダ構成は以下のようになっています。

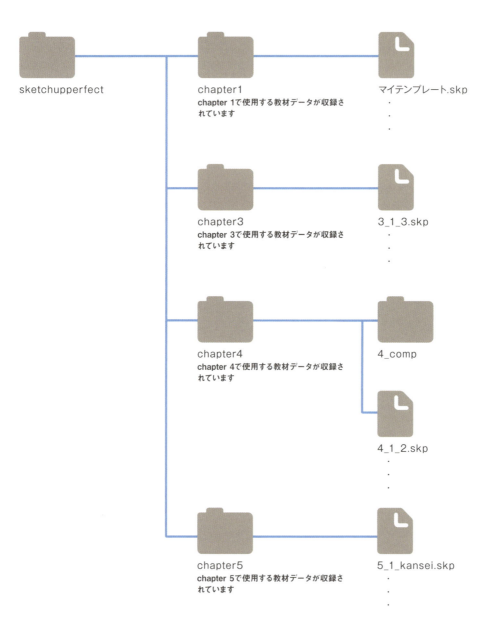

SketchUpを使うための準備

preparation

- section1-1　SketchUpとは
- section1-2　SketchUp Freeを使うための準備
- section1-3　SketchUp Freeのインターフェース
- section1-4　SketchUp Proを使うための準備
- section1-5　SketchUp Proのインターフェース
- section1-6　画面操作と推定機能（スナップ）

chapter

直感的な操作で簡単に3次元モデルを作成できる
「SketchUp」。
3次元モデリングの初心者やベテランにかかわらず、
プロダクトデザインや建築モデリングなど、
幅広い分野で使われている人気ソフトだ。
ここでは、無償版のSketchUp Freeと
有償版のSketchUp Proそれぞれの
基本的な操作やインターフェースについて解説する。

section 1-1 SketchUpとは

はじめに、SketchUpの概略のほか、無償版「SketchUp Free」と有償版「SketchUp Shop」「SketchUp Pro」「SketchUp Studio」の違いや、動作環境などについて解説する。ここに掲載している内容は2019年6月時点の情報なので、これ以降に変更される可能性もある。最新情報については、Webサイトなどで確認していただきたい。

step 1-1-1 SketchUpではどのようなことができるのか

SketchUpは、米Trimble社が提供する3次元モデル作成ソフトである。プロダクトデザインから建築モデリングまで、幅広い分野で用いられている。粘土で造形するような直感的な操作が特徴で、3次元モデリングソフトを初めて使う人や、操作の難しい3次元モデリングソフトを使いこなせなかったようなユーザーにも使いやすいソフトとして定評がある。

モデリング機能

[線]／[長方形]／[円]ツールといった基本ツールのほか、引っ張る／押し込むという直感的な操作で簡単に3次元を表現できる[プッシュ／プル]ツールや、軌跡に沿って立体を作成できる[フォローミー]ツールなど、SketchUp独自の機能が含まれる。

マテリアル機能

作成したモデルの面に、木目やレンガなどのマテリアルを貼り付けることで、素材の質感を表現できる。

スタイル機能

作成したモデルを手書き風に表現したり、ホワイトボードに描いたような筆致にするなど、タッチや表現方法などを容易に切り替えられる。

アニメーション機能

画面の表示状態を[シーン]として保存でき、[シーン]から別の[シーン]へ切り替わる間を自動的に補完し、アニメーションとして表現できる。また、複数の[シーン]を連続して切り替えるといった方法でもアニメーションが作成可能。Pro版以上ではアニメーションを動画ファイルとして書き出すことができる。

3D Warehouse

SketchUpのモデルが豊富にそろっている「3D Warehouse」というWebサイトで、「furniture（家具）」や「chair（椅子）」といったキーワードで検索して必要な素材を無料でダウンロードできる。SketchUpから直接、3D Warehouse内のモデルを検索してインポートできる。

断面平面機能

[断面平面]ツールを利用すると、作成したモデルを好きな個所で断面表示できる。断面平面を移動することで、任意の位置の断面を表示可能。

Attention

●無償版の「SketchUp Free」は、商用利用は禁止されています。商用利用の場合は「SketchUp Shop」もしくは「SketchUp Pro」「SketchUp Studio」を使用しなければなりません。

●営利目的の範囲などSketchUp Freeについての質問は、当社および株式会社アルファコックスでは一切受け付けておりません。

●「SketchUp Pro」の購入については、株式会社アルファコックスのWebサイトで確認してください。

URL☞ https://www.alphacox.com/

step
1-1-2 SketchUpの各種プラン

無償版「SketchUp Free」と有償版「SketchUp Shop」「SketchUp Pro」「SketchUp Studio」の違いは以下の通り。
本書では、主に無償版「SketchUp Free」の操作について解説するが、「SketchUp Pro」の操作についても一部解説
する。

(2019年6月時点)

プラン	SketchUp Free	SketchUp Shop	SketchUp Pro	SketchUp Studio
商用利用	×	○	○	○
利用料	無料	有料	有料	有料
プラットフォーム	Webブラウザのみ	Webブラウザのみ	デスクトップおよびWebブラウザ	デスクトップおよびWebブラウザ
オフラインでの使用	×	×	○	○
Sefaira（エネルギー分析ソフト）	×	×	×	○
Trimble Connect 容量	10GB	無制限	無制限	無制限
3D Warehouse	○	○	○	○
アウトライン機能	×	×	○	○
日本語の書込	×	×	○	○
スタイルのカスタム	×	×	○	○
マテリアルのカスタム	×	×	○	○
動的コンポーネント	×	×	○	○
Extension Warehouse（アドオン機能）	×	×	○	○
LayOut（図面化・シート化プログラム）	×	×	○	○
Style Builder（線種追加機能）	×	×	○	○
SketchUp Viewerモバイルモデル表示	○	○	○	○
インポートファイル型式	SKP、DID、JPEG、WEBP、SVGZ、GIF、JPG、ICO、PNG、SVG、TIF、XBM、BMP、JFIF、PJPEG、PJP、TIFF、STL	SKP、DID、JPEG、WEBP、SVGZ、GIF、JPG、ICO、PNG、SVG、TIF、XBM、BMP、JFIF、PJPEG、PJP、TIFF、STL	SKP、3DS、DAE、DEM、DDF、DWG、DXF、IFC、IFCZIP、KMZ、STL、BMP、JPG、PNG、PSD、TIF、TGA	SKP、3DS、DAE、DEM、DDF、DWG、DXF、IFC、IFCZIP、KMZ、STL、BMP、JPG、PNG、PSD、TIF、TGA
エクスポートファイル形式	SKP、PNG、STL	SKP、PNG、STL、3DS、DWG、DXF、DAE、FBX、KMZ、OBJ、WRL、XSI	SKP、PNG、PDF、EPS、BMP、TIF、JPG、STL、3DS、DWG、DXF、DAE、FBX、KMZ、OBJ、WRL、XSI、IFC	SKP、PNG、PDF、EPS、BMP、TIF、JPG、STL、3DS、DWG、DXF、DAE、FBX、KMZ、OBJ、WRL、XSI、IFC

1-1-3 SketchUpの動作環境（最小条件）

SketchUpにはWindows版とMac版が用意されている。最新の動作環境についてはWebサイトなどで確認していた
だきたい。

	Windows	Mac
OS	Windows 10（64bit） Windows 8（64bit） Windows 7（64bit）	MacOS 10.14（Mojave） MacOS 10.13（High Sierra） MacOS 10.12（Sierra）
CPU	1GHz以上のプロセッサ	2.1GHz以上のIntel プロセッサ
メモリ	4GB以上	
ハードディスク	500MB以上空き容量	
ビデオカード	512MB以上のメモリを搭載した3D対応のグラフィックスカードでOpenGL3.0以上に準拠していること	
Webブラウザ	Microsoft Edge、Google Chrome、Safari、Firefox	
その他	Internet Explorer 9.0以上.NET Frameworkバージョン4.5.2、3ボタンスクロールホイールマウス	QuickTime 5.0以上 Safari、3ボタンスクロールホイールマウス

1-2 SketchUp Freeを使うための準備

前節で解説したとおり、SketchUp FreeはWebブラウザ上で使用するアプリであり、利用するためにはTrimbleアカウントへの登録とサインインが必要となる。ここでは、Trimbleアカウントへの登録方法と、SketchUp Freeを使う前に知っておくべき起動／終了方法、ファイル操作、テンプレートの作成について解説する。

step 1-2-1 Trimbleアカウントを登録する

1 Webブラウザ（対応Webブラウザは**1-1-3（P.019）**を参照）を起動して、SketchUpのWebサイト（https://www.sketchup.com/ja）にアクセスする。
右上にある［Sign in］をクリックする。

2 メールアドレスを入力して［Next］をクリックする。画面が切り替わるので、名前（First name）と姓（Last name）、任意のパスワードを入力する。パスワードは8文字以上で、数字とアルファベットの大文字／小文字すべてを使用し、さらに特殊文字の[!@#$%&*^_-+]から1文字を必ず入れる必要がある。「I'm not a robot」にチェックを入れる。

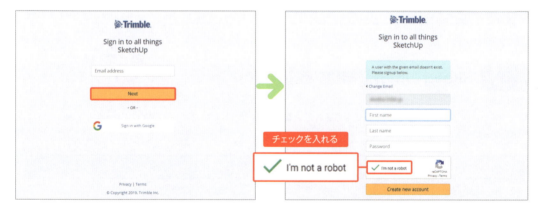

3 「I'm not a robot」にチェックを入れると、図のような不正利用を防ぐための画像選択問題が表示される（図は問題の一例）。問題に回答したら［VERIFY］ボタンをクリックする。
手順 **2** の右図の画面に戻るので［Create new account］をクリックする。

4 手順2で入力したメールアドレスに、図のような内容のアカウントを認証した旨のメールが届く。[Activate account] をクリックする。

5 Webブラウザに「User account confirmation」と表示され、アカウント登録が完了する。文章中の [here] の文字（リンク）をクリックする。

6 サインイン画面が表示されるので、手順2で入力したメールアドレスとパスワードを入力して [Sing in] をクリックする。

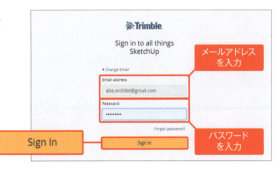

7 SketchUp FreeのWebサイトが表示されるので、[モデリングを開始] をクリックする。

8 SketchUp Freeが起動する。初回は図のような画面が表示されるので、[ツアーを開始]または[モデルの作成を開始してください]をクリックする。

> **HINT インターフェースの解説**
>
> [ツアーを開始]をクリックすると、インターフェースの説明が開始される。

9 文章中のリンク部分をクリックしてプライバシーポリシーなどを確認し、承諾したら「I agree. Let's get going」にチェックを入れて[OK]ボタンをクリックする。

10 SketchUp Freeが使えるようになる。

step 1-2-2 SketchUp Freeの起動（2回目以降）

1 Webブラウザ（対応Webブラウザは**1-1-3（P.019）**を参照）でSketchUpのWebサイト（https://www.sketch up.com/ja）にアクセスし、右上にある［Sign in］をクリックする。メールアドレスとパスワードを入力して［Sign in］をクリックする。

2 SketchUpのWebサイトに戻るので、［製品］―［SketchUp Free］をクリックする。

3 SketchUp Freeのページが表示されるので、［モデリングを開始］をクリックする。

4 SketchUp Freeが起動する。

step 1-2-3　SketchUp Freeの終了

1　SketchUp Freeを終了するときは、Webブラウザのタブの［×（閉じる）］ボタン、またはWebブラウザの［×（閉じる）］ボタンをクリックする。

2　メニューに［保存］と青色で表示されているときは、ファイルに加えた変更内容がまだ保存されていない状態である。この状態で［×（閉じる）］ボタンをクリックすると、右図のようなメッセージが表示される。保存しないで終了する場合は、［このページを離れる］をクリックする。保存してから終了する場合は、1-2-7（P.027）の手順でファイルを保存する。

step 1-2-4　SketchUp Freeのファイルの仕組み

SketchUp Freeで作成したファイルは、Trimble Connect（P.092参照）というオンラインストレージに保存される。そのため、インターネットに接続しているパソコンがあれば、どこでも保存したファイルを開いたり編集したりできる。ただし、ほかの人にファイルを渡す場合は、SKP形式のファイルとしてパソコンに保存する（［ダウンロード］する）必要がある。また、ほかの人から受け取ったSKPファイルは［モデルを追加］で読み込む。このとき操作できるファイルの数は1つであり、一括で複数ファイルの読み込みや書き出しを行う場合は、Trimble Connectを経由する必要がある（P.092参照）。モデルをプリンタで印刷する場合は、一度PDFファイルに書き出して、PDFファイルから印刷を行う（3-4-1（P.112）参照）。

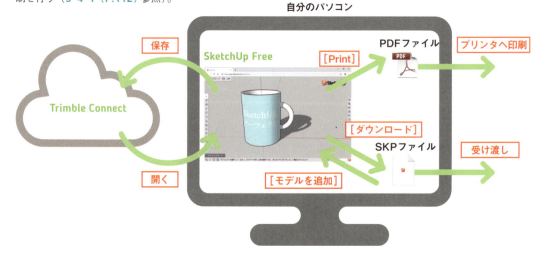

step 1-2-5 新規ファイルの作成

1 ［現在のモデルのファイル操作］ボタンをクリックし、表示されるメニューから［新規］を選択する。

2 ［新しいモデル］—［テンプレートからの新しいモデル］ページが表示される。
［シンプルなテンプレート-フィートとインチ］
［シンプルなテンプレート-メートル］
［シンプルなテンプレート-ミリメートル］
の3種類（2019年6月現在）から使用するテンプレートを選択すると、新規ファイルが作成される。

3 無題の新規ファイルが作成される。

HINT オリジナルのテンプレートを使用する場合

SketchUp Freeでの新規ファイルの作成は、あらかじめ用意されている3種類のテンプレートしか使用できない。自分で作成したオリジナルのファイルをテンプレートとして利用したいときは、1-2-12（P.031）の手順でテンプレートを作成する。

step 1-2-6 インターネットに保存されたファイルを開く

1 ［現在のモデルのファイル操作］ボタンをクリックし、表示されるメニューから［開く］を選択する。

2 ［Trimble Connect］—［プロジェクト］ページが表示される。開くファイルが含まれるプロジェクト（ここでは、「SketchUp」）を選択する。

3 プロジェクト内に保存されているファイルが表示されるので、開くファイル（ここでは、「マグカップ.skp」）を選択して［開く］ボタンをクリックすると、ファイルの内容が表示される。

step 1-2-7 インターネットにファイルの名前を付けて保存する

1 ［現在のモデルのファイル操作］ボタンをクリックし、表示されるメニューから［名前を付けて保存］を選択する。

2 ［Trimble Connect］－［プロジェクト］－［SketchUp］フォルダが表示される。ファイルの名前（ここでは、「Test3」）を入力して［ここに保存］ボタンをクリックする。

> **HINT フォルダの作成**
> ファイルをフォルダに分けて保存したい場合は、［フォルダーを追加］をクリックしてフォルダを作成する。

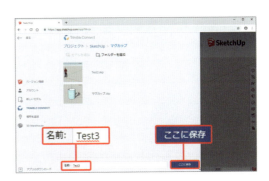

3 ファイルが保存され、メニューに［保存済み］と、ファイル名（ここでは、「Test3」）が表示される。

step 1-2-8 インターネットにファイルを上書き保存する

ファイル内容に変更が加えられると、メニューの右端に［保存］と表示される。［保存］をクリックすると、上書き保存される。

> **HINT 自動保存**
> 名前を付けたファイルは、10分程度で自動的に上書き保存される。

step 1-2-9 インターネットに保存されたファイルを削除する

1 ［モデル／環境設定を開く］ボタンをクリックする。

2 左側のメニューから［Trimble Connect］を選択する。［Trimble Connect］ページで［プロジェクト］－［SketchUp］を選択し、削除するファイル（ここでは「Test3.skp」）の右側にある［×］ボタンをクリックする。

> **HINT 使用中のファイルは削除できない**
>
> 現在開いている使用中のファイルは［×］ボタンをクリックしても、図のようなエラーメッセージが表示され、削除できない。
>
>

3 ファイルの削除を確認するメッセージが表示されるので［はい］ボタンをクリックする。

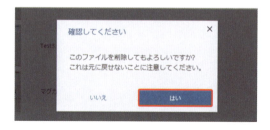

4 ファイルが削除される。

step 1-2-10 SKPファイルとしてパソコンに保存（ダウンロード）する

1 ［現在のモデルのファイル操作］ボタンをクリックし、表示されるメニューから［ダウンロード］を選択する。

2 ［SKPとしてダウンロード］ダイアログが表示されるので、指定したいファイルのバージョン（ここでは「2018」）を選択して［OK］ボタンをクリックする。

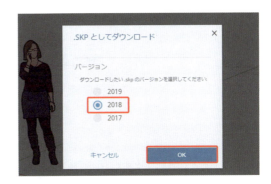

3 Webブラウザでダウンロードが実行され、パソコンにファイルが保存される。

HINT ダウンロードしたファイルの保存先

Webブラウザでダウンロードしたファイルは、初期設定ではWindowsの「ダウンロード」フォルダに保存される。「ダウンロード」フォルダの中身は、Windows 10ではエクスプローラーで「クイックアクセス」（Windows 7/8は「お気に入り」）の「ダウンロード」を選択すると表示される。ダウンロードファイルの保存先は、各Webブラウザの設定によって確認や変更が可能だ（図は、Google Chromeの確認画面）。

step 1-2-11 パソコンに保存されたSKPファイルを読み込む

1 ［モデル／環境設定を開く］ボタンをクリックする。

2 左側のメニューから［Trimble Connect］を選択する。［Trimble Connect］ページで［プロジェクト］－［SketchUp］を選択して［モデルを追加］をクリックする。右側に［Browse］ボタンが表示されるのでクリックする。

3 表示される［開く］ダイアログで、読み込むファイル（ここでは、ダウンロードしてデスクトップに保存した教材データの「3_1_3.skp」）を選択して［開く］ボタンをクリックする。

4 選択したファイルがプロジェクトに追加されるので、［開く］ボタンをクリックすると、ファイルが読み込まれる。

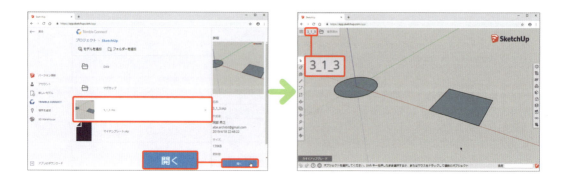

step 1-2-12 独自のテンプレートを作成する

1 ここでは、建築用途向けに単位が「mm」で、人物モデルをあらかじめ削除した状態のテンプレートを作成する。
［モデル／環境設定を開く］ボタンをクリックする。

HINT SketchUp Freeのテンプレート

SketchUp Freeでは、いくつかのテンプレートが用意されている（1-2-5（P.025）参照）が、あらかじめ自分の作業内容に適したひな形となるファイルを作成しておくと便利だ。SketchUp Proでは作成したファイルを独自のテンプレートとして登録して使用できる（1-4-8（P.044）参照）が、SketchUp Freeにはそのような機能がない。そこで、用意されたテンプレートに手を加えてファイルとして保存しておき、モデルの作成時はまずはじめにそのファイルを開くことで独自のテンプレートとして利用する。

2 左側のメニューから［新しいモデル］を選択する。［シンプルなテンプレート-ミリメートル］を選択する。

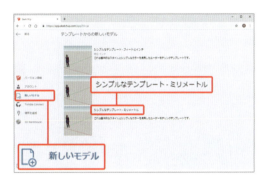

3 新規ファイルが開くので、Ctrl ＋ A キーを押してすべてのエンティティを選択する。 Delete キーを押して削除する。

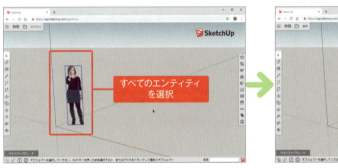 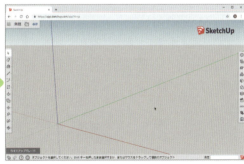

4 | 描画領域から人物モデルが削除されたが、変更中のテンプレートには、人物のモデルデータと、人物モデルに使用されているカラーデータが残っているので、これらをまとめて削除する必要がある。[コンポーネント] パネルを表示（パネルの表示と閉じる方法については 1-3-4（P.038）参照）し、[未使用のコンポーネントを削除] をクリックする。

5 | [マテリアル] パネルを表示し、[未使用のマテリアルを削除] をクリックする。

6 | 単位を変更するため、[モデル情報] パネルを表示する。[長さの単位] ― [形式] で「0.0mm」、[精度] で「0.0000」を選択する。[長さスナップ] にチェックを入れ、[スナップ間隔] に「1.0000mm」と入力する。[角度の単位] – [精度] で「0.000」を選択し、[角度スナップ] にチェックを入れて「15°」を選択する。

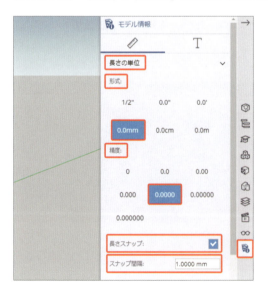

7 ［現在のモデルのファイル操作］ボタンをクリックし、表示されるメニューから［名前を付けて保存］を選択する。

8 ［Trimble Connect］—［プロジェクト］—［SketchUp］フォルダが表示される。ファイルの名前（ここでは、「マイテンプレート」）を入力して［ここに保存］ボタンをクリックすると、ファイルが保存される。

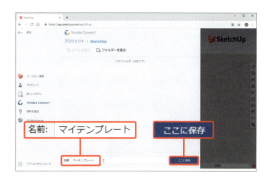

9 モデルを新たに作成する際は、［現在のモデルのファイル操作］ボタンをクリックし、表示されるメニューから［開く］を選択する。表示される[Trimble Connect］—［プロジェクト］—［SketchUp］フォルダで「マイテンプレート.skp」を選択して開く。

> **HINT テンプレートを使ってモデルを作成した場合、ファイル名を変更して保存する**
>
> 「マイテンプレート.skp」を使ってモデルを作成し保存する際は、必ず「名前を付けて保存」でファイル名を変更して保存（1-2-7（P.027）参照）する。上書き保存（1-2-8（P.027）参照）すると、テンプレートの内容が変更されてしまうので注意が必要だ。

section 1-3 SketchUp Freeのインターフェース

ここでは、SketchUp Freeのインターフェースの各部名称、ツールやパネルの表示方法や名称などについて解説する。

step 1-3-1 インターフェースの各部名称

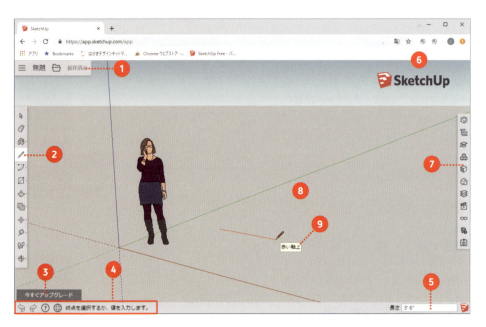

❶ メニューバー
［モデル/環境設定を開く］［現在のモデルのファイル操作］などのボタンが配置されている。また、現在開いているファイル名と、ファイルの保存状態が表示される。

❷ ツールバー
［選択］［プッシュプル］などのツールボタンが配置されている。カスタマイズはできない。

❸ ［今すぐアップグレード］ボタン
クリックするとほかのプランへの案内ページに移動する。非表示にはできない。

❹ ステータスバー
［元に戻る］［やり直し］［ヘルプ］［言語選択］ツールが配置され、中央にツールのヒントが表示される。

❺ 測定ツールバー
モデルの作成中、寸法の値が表示される。また、操作が完了する前後にキーボードから任意の数値や特定の文字を入力して Enter キーを押すと、数値や文字が反映され、数値指定によるモデルの作成／編集が可能となる。

❻ SketchUp透かし
印刷時も表示され、非表示にすることはできない。

❼ パネルバー
［エンティティ情報］［コンポーネント］などのパネルボタンが配置されている。

❽ 描画領域
モデル作成を行う領域。3D空間を把握しやすいように、X軸（赤色）、Y軸（緑色）、Z軸（青色）がそれぞれ示されている。また、作成するモデルのスケールを把握しやすいように、初期設定で人物のモデルが配置されているテンプレートもある。

❾ カーソル
モデル作成中のカーソルには、軸方向や推定機能の推定点などが表示される。

⑩ コンテキストメニュー

エンティティ（線や面などの要素）や軸を右クリックすると表示されるメニュー。表示される内容は右クリックした対象によって異なるが、［消去］や［選択］といった機能を素早く実行できる。

step 1-3-2 メニューバー

●メニューバーの各部名称

❶ ［モデル/環境設定を開く］ボタン
❷ 現在開いているファイル名
❸ ［現在のモデルのファイル操作］ボタン
❹ ［すべての変更を保存］ボタン

●［モデル/環境設定を開く］ボタン

［モデル/環境設定を開く］ボタンをクリックすると、［Trimble Connect］（**P.092**参照）のプロジェクト画面になる。
左側のメニューには、［Trimble Connect］以外にも、［バージョン情報］［アカウント］［新しいモデル］［場所を追加］［3D Warehouse］［アプリのダウンロード］が用意されている。

●［現在のモデルのファイル操作］ボタン

［現在のモデルのファイル操作］ボタンをクリックすると、［新規］［開く］［名前を付けて保存］［エクスポート］［ダウンロード］［Print］などファイル操作に関するメニューが表示される。

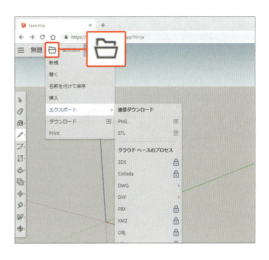

step 1-3-3　ツールバー

●ツールバーの使い方

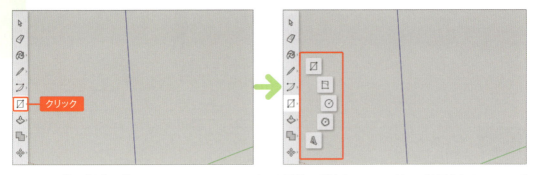

アイコンの横に［▶］が付いているツールは、クリックすると展開し、関連するツールボタンが表示される。ツールボタンをクリックすると、ツールが実行される。

●各ツールの名称

　［選択］ツール

　［消しゴム］ツール

［ペイント］ツール
［サンプル マテリアル］ツール

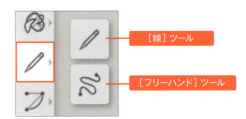

［線］ツール
［フリーハンド］ツール

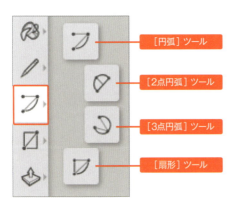

［円弧］ツール
［2点円弧］ツール
［3点円弧］ツール
［扇形］ツール

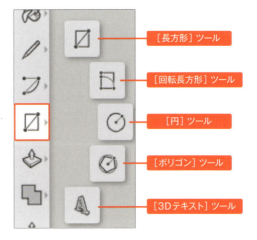

［長方形］ツール
［回転長方形］ツール
［円］ツール
［ポリゴン］ツール
［3Dテキスト］ツール

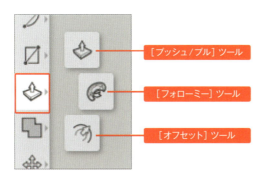
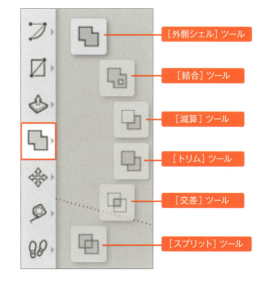
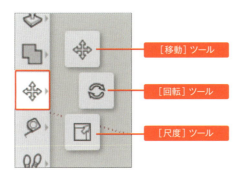
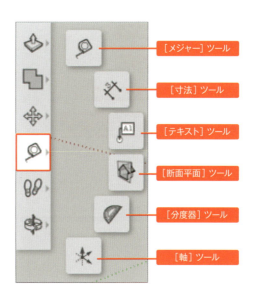
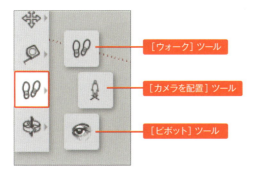
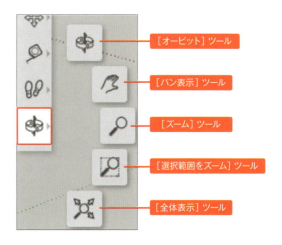

step 1-3-4 パネルバー

●各パネルボタンの名称

●パネルの開き方

各パネルボタンをクリックすると、パネルが開く。パネルを閉じるには、パネルのタイトル部分にカーソルを合わせ、右端に表示される［×］ボタンをクリックする。

●各パネルの名称

［エンティティ情報］パネル

選択しているエンティティのマテリアルやレイヤなどの情報が表示される。エンティティの表示／非表示や、影の投影などの設定も行える。

［インストラクタ］パネル

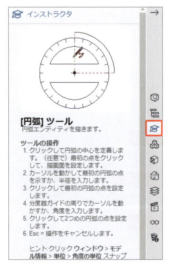

実行しているツールの使い方が表示される。

［コンポーネント］パネル

モデル内にあるコンポーネント一覧が表示される。素材提供Webサイト「3D Warehouse」（**P.116**参照）からコンポーネントの挿入も可能。

[マテリアル] パネル

モデルに対して色や素材の質感など「マテリアル」の設定を行う。

[スタイル] パネル

モデルの線やマテリアルの表示方法、背景色の設定を保存して管理を行う。

[レイヤー] パネル

レイヤーの表示／非表示など、レイヤーの管理を行う。

[ビュー] パネル

[平行投影] と [遠近法] でのモデルの表示設定や、アニメーションの設定を行う。

[表示] パネル

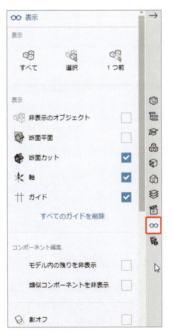

軸や断面平面などの表示／非表示の切り替え、および影やフォグの設定を行う。

[モデル情報] パネル

数字の単位や表示桁数、寸法の設定を行う。

section 1-4 SketchUp Proを使うための準備

SketchUp Proは、SketchUp Freeとは異なり、パソコン上にアプリをインストールして使用するスタンドアロン版である。ここでは、SketchUp Proを使う前に知っておきたいアプリの起動／終了方法、ファイル操作、テンプレートの作成について解説する。

step 1-4-1 SketchUp Proの起動

1 インストール後、デスクトップに作成された「SketchUp 2019」をダブルクリックする。または、[スタート] メニューから「SketchUp 2019」を選択する。

Attention

SketchUp Proの使用にあたっては、あらかじめパソコンにアプリをインストールしておく必要があります。インストール方法については、SketchUp Proのヘルプやマニュアルを参照してください。なお、SketchUp Proのインストールについての質問は、弊社では一切受け付けておりませんので予めご了承ください。

2 [SketchUpへようこそ] ダイアログが表示されるので、[新規モデルを作成] に表示される任意のテンプレート（ここでは「建築図面表記 ミリメートル」）をクリックする。
既存のファイルを開くときは、[ファイルを開く] ボタンをクリックして、表示される [開く] ダイアログからファイルを指定する。

HINT [SketchUpへようこそ] ダイアログを非表示にする

起動時に [SketchUpへようこそ] ダイアログを非表示にするには、[ウィンドウ] メニュー—[環境設定] を選択して表示される [SketchUpの環境設定] ダイアログで [全般]—[ようこそウィンドウを表示] のチェックを外す。次回からは、起動時に [SketchUpへようこそ] ダイアログが表示されず、デフォルトの（初期設定で指定された）図面テンプレートが直接開きます。

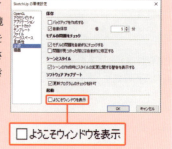

3 SketchUp Proが起動する。

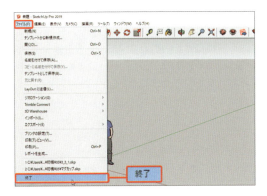

step 1-4-2 SketchUp Proの終了

1 SketchUp Proを終了するときは、[ファイル]メニュー——[終了]を選択する。ファイルに変更を加えていない場合はそのまま終了する。

2 ファイルに変更が加えられていて保存していない場合は、[変更を(ファイル名)に保存しますか？]というメッセージ（左図）が表示される。保存する場合は[はい]ボタンをクリックすると、[名前を付けて保存]ダイアログ（右図）が表示されるので、ファイル名を入力して[保存]ボタンをクリックする。
[いいえ]クリックを選択すると、保存しないで終了する。[キャンセル]ボタンをクリックすると[終了]自体がキャンセルされる。

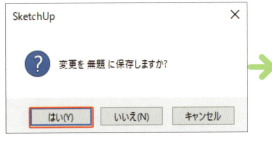

step 1-4-3 ファイルの新規作成

［ファイル］メニュー―［新規］を選択すると、デフォルトの図面テンプレートで新規ファイルが作成される。

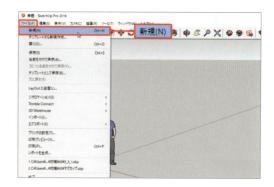

HINT デフォルトの図面テンプレートの変更

デフォルトの図面テンプレートは、［ウィンドウ］メニュー―［環境設定］を選択して表示される［SketchUpの環境設定］ダイアログ―［テンプレート］の［デフォルトの図面テンプレート］で変更できる。

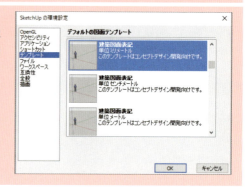

step 1-4-4 テンプレートを指定して新規ファイルを作成する

テンプレートを指定してファイルを新規作成する場合は、［ファイル］メニュー―［テンプレートから新規作成］を選択する。表示される［テンプレートを選択］ダイアログで使用するテンプレートをクリックすると、新規ファイルが作成される。

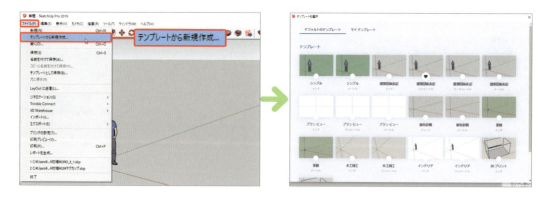

step 1-4-5 既存ファイルを開く

［ファイル］メニュー ―［新規］を選択する。表示される［開く］ダイアログで、開きたいファイル（ここでは、ダウンロードしてデスクトップに保存しておいた教材データの「3_1_3.skp」）を選択して［開く］ボタンをクリックすると、ファイルが開く。

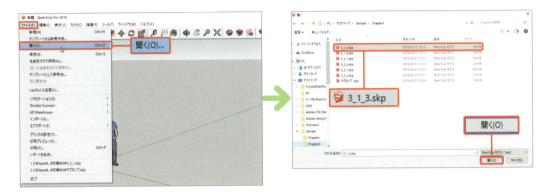

step 1-4-6 ファイルに名前を付けて保存する

［ファイル］メニュー ―［名前を付けて保存］を選択する。表示される［名前を付けて保存］ダイアログで、ファイル名（ここでは、「test3」）を入力して［保存］ボタンをクリックすると、ファイルが保存される。

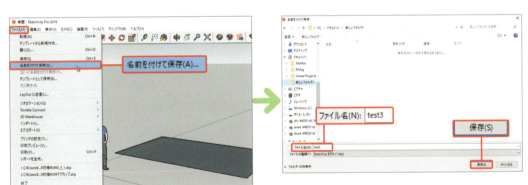

step 1-4-7 ファイルを上書き保存する

［ファイル］メニュー ―［保存］を選択すると、ファイルが上書き保存される。ファイルに名前が付けられていないときは、［名前を付けて保存］ダイアログが表示される。

step 1-4-8 テンプレートを作成する

1 ここでは建築用途向けに、単位が「mm」で、人物モデルをあらかじめ削除した状態のテンプレートを作成する。
「建築図面表記 ミリメートル」のテンプレートで新規ファイルを作成する（1-1-4（P.042）参照）。

2 Ctrl + A キーを押してすべてのエンティティを選択する。Delete キーを押して削除する。

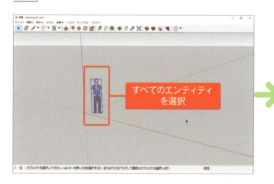

3 描画領域から人物モデルが削除されたが、変更中のテンプレートには、人物のモデルデータと、人物モデルに使用されているカラーデータが残っているので、これらをまとめて削除する必要がある。［ウィンドウ］メニュー ―［モデル情報］を選択する。

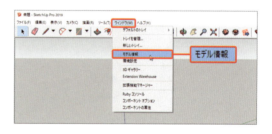

4 表示される［モデル情報］ダイアログの左のリストから［統計］を選択する。右に表示されるデータ一覧を確認すると、データが残っているのがわかる。［不要アイテムを完全に削除］ボタンをクリックすると、［コンポーネント定義］［マテリアル］の数が「0」になるので、ダイアログを閉じる。

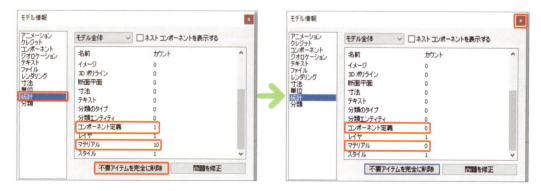

5 ［ファイル］メニュー ―［テンプレートとして保存］を選択する。

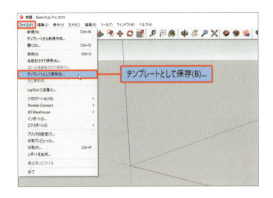

6 表示される［テンプレートとして保存］ダイアログで、［名前］（ここでは、「マイテンプレート」）を入力する。［ファイル名］欄には、入力した名前のあとに、拡張子「.skp」が付加されたファイル名が自動的に表示される。［デフォルトのテンプレートとして設定する］にチェックを入れると、次回の起動時から、登録したテンプレートで新規ファイルが作成される。［保存］ボタンをクリックする。

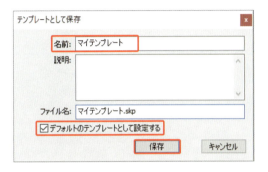

7 ［ウィンドウ］メニュー ―［環境設定］を選択し、表示される［SketchUpの環境設定］ダイアログの左のリストから［テンプレート］を選択する。作成したテンプレート（ここでは、「マイテンプレート」）が登録されていることを確認したら［OK］ボタンをクリックする。これで、テンプレートの作成と登録が完了する。

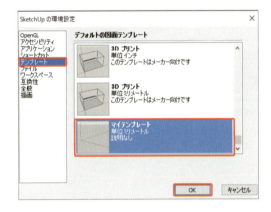

section 1-5　SketchUp Proのインターフェース

ここでは、SketchUp Proのインターフェースの各部名称、ツールやパネルの表示方法や名称などについて解説する。

step 1-5-1　インターフェースの各部名称

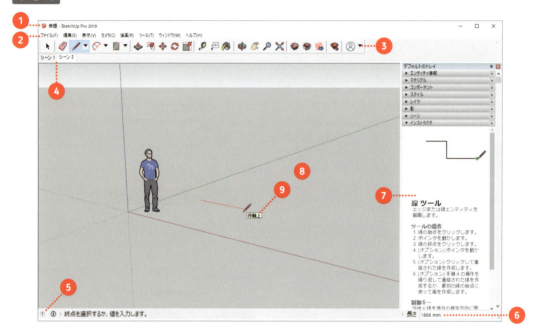

❶ メニュータイトルバー
左端には現在開いているファイル名、右端には標準のウィンドウコントロール（［閉じる］［最小化］［最大化］）ボタンが表示されている。

❷ メニューバー
［ファイル］［編集］［表示］［カメラ］［描画］［ツール］［ウィンドウ］［ヘルプ］の各メニューからツールやコマンドの実行や設定が行える。

❸ ツールバー
SketchUp Proの基本的なツール（［基本］ツールバー）が表示されている。このほかのツールバーを表示するには、［表示］メニュー ー［ツールバー］で選択する。

❹ シーンタブ
視点や表示設定が異なる画面をシーンとして保存した際に表示される。タブをクリックすると画面表示を切り替えられるほか、アニメーション効果が得られる。

❺ ステータスバー
左からジオロケートの設定ボタン、クレジットの記入ボタン、使用中のツールに関するヒントが表示される。

❻ 測定ツールバー
モデルの作成中、寸法の値が表示される。また、操作が完了する前後にキーボードから任意の数値や特定の文字を入力して Enter キーを押すと、数値や文字が反映され、数値指定によるモデルの作成／編集が可能となる。

❼ トレイ
［エンティティ情報］や［マテリアル］などのダイアログをまとめて管理する。トレイの表示位置はウィンドウの上下左右のほか、別ウィンドウにも変更できる。

❽ 描画領域
モデル作成を行う領域。3D空間を把握しやすいように、X軸（赤色）、Y軸（緑色）、Z軸（青色）がそれぞれ示されている。また、作成するモデルのスケールを把握しやすいように、初期設定で人物のモデルが配置されているテンプレートもある。

❾ カーソル
モデル作成中のカーソルには、軸方向や推定機能の推定点などが表示される。

❿ コンテキストメニュー

エンティティ（線や面などの要素）や軸を右クリックすると表示されるメニュー。表示される内容は右クリックした対象によって異なるが、[消去]や[選択]といった機能を素早く実行できる。

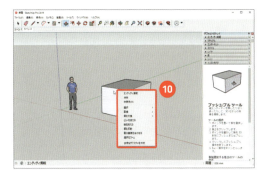

step 1-5-2 トレイの操作

●トレイの表示／非表示

トレイは初期設定で表示されている。非表示にするには、トレイタイトルの右端にある［×］ボタンをクリックする。再度表示する場合は、［ウィンドウ］メニュー―［トレイ名（「デフォルトのトレイ」など）］―［トレイを表示］を選択する。

●トレイの管理

［ウィンドウ］メニュー―［トレイを管理］を選択する。表示される［トレイを管理］ダイアログで、トレイの作成や削除、ダイアログの追加などが行える。

●トレイの位置

トレイのタイトル部分をドラッグすると、トレイの位置を移動できる。

●トレイを自動的に隠す

描画領域を広く使いたいときは、トレイのタイトルの［ピン］マークをクリックすると、トレイのタイトル部分のタブのみが表示されるようになる。トレイのタイトル部分のタブにカーソルを合わせると、トレイが表示される。解除するには、再度［ピン］マークをクリックする。

step 1-5-3 ツールバーの操作

●ツールバーの表示／非表示

[表示] メニュー――[ツールバー] を選択して表示される [ツールバー] ダイアログで、表示させたいツールバーにチェックを入れると、ツールバーが表示される。非表示にする場合は、[ツールバー] ダイアログのチェックを外す。

●ツールバーの切り離し／ドッキング

ツールバーを描画領域にドラッグすると、ウィンドウから切り離され、独立したツールバーになる（上図）。逆に、独立したツールバーをウィンドウ上部のツールバーの位置にドラッグすると、ドッキングする（下図）。

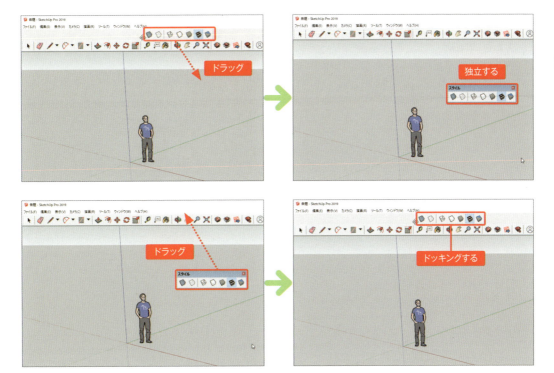

● ツールバーの表示変更

独立したツールバーの枠を上下（あるいは左右）にドラッグすると、ツールバーの表示サイズを変更できる。

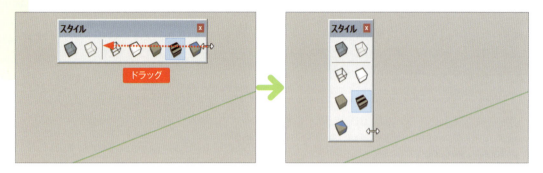

HINT ［基本］ツールセットと［ラージツールセット］

SketchUp Proには、あらかじめ［基本］と［ラージツールセット］という2つのツールセットが用意されている。これらは、［表示］メニューの［ツールバー］を選択して表示される［ツールバー］ダイアログでチェックを入れたり、外したりすることで、表示／非表示の切り替えが行える。

SketchUp Proの初期状態では、［基本］のツールセットが選択されている。作図に必要な基本のツールが含まれており、初心者に適したツールセットだ。

［ラージツールセット］は、［基本］よりも多様なツールが含まれており、やや高度な編集を行う人向けのツールセットだ。

ツールバーを自分好みのカスタマイズするのもいいが、あらかじめ用意されているセットを使うのもおすすめだ。

step 1-5-4 各ツールバーとツールの名称

●[Trimble Connect]ツールバー

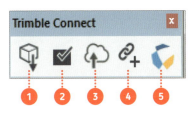

① [Trimble Connectからモデルを開く]ツール
② [Trimble Connectのコラボレーションマネージャーを開く]ツール
③ [モデルをTrimble Connectに公開]ツール
④ [参照モデルをインポートします]ツール
⑤ [Trimble ConnectをWebで開く]ツール

●[アドバンス カメラ ツール]ツールバー

① [カメラを作成]ツール
② [カメラを通してみる]ツール
③ [現在のカメラを固定／固定解除]ツール
④ [すべてのカメラを表示／非表示]ツール
⑤ [カメラの視錐台のラインを表示／非表示]ツール
⑥ [カメラの視錐台の容積を表示／非表示]ツール
⑦ [アスペクト比バーを消去してデフォルトのカメラに戻る]ツール

●[アドバンス カメラ ツール]ツールバー

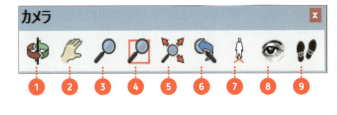

① [オービット]ツール
② [パン表示]ツール
③ [ズーム]ツール
④ [選択範囲をズーム]ツール
⑤ [全体表示]ツール
⑥ [戻る]ツール
⑦ [カメラを配置]ツール
⑧ [ピボット]ツール
⑨ [ウォーク]ツール

●[ギャラリー]ツールバー

① [3D Warehouse...]ツール
② [モデルを共有]ツール
③ [コンポーネントを共有]ツール
④ [Extension Warehouse]ツール

● [サンドボックス] ツールバー

① [等高線から] ツール
② [最初から] ツール
③ [スムーブ] ツール
④ [スタンプ] ツール
⑤ [ドレープ] ツール
⑥ [詳細を追加] ツール
⑦ [エッジを反転] ツール

● [スタイル] ツールバー

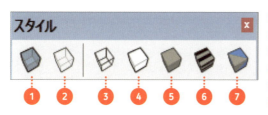

① [X線] ツール
② [背面エッジ] ツール
③ [ワイヤフレーム] ツール
④ [隠線] ツール
⑤ [シェーディング] ツール
⑥ [テクスチャ付きシェーディング] ツール
⑦ [モノクロ] ツール

● [ソリッドツール] ツールバー

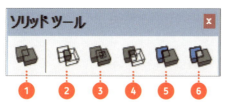

① [外側シェル] ツール
② [交差] ツール
③ [結合] ツール
④ [減算] ツール
⑤ [トリム] ツール
⑥ [分割] ツール

● [ビュー] ツールバー

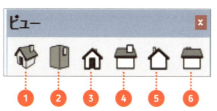

① [等角] ツール
② [平面] ツール
③ [正面図] ツール
④ [右側面図] ツール
⑤ [背面] ツール
⑥ [左側面図] ツール

● [レイヤ] ツールバー

① [レイヤ] ツール

● [影] ツールバー

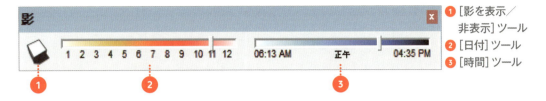

1. [影を表示／非表示] ツール
2. [日付] ツール
3. [時間] ツール

● [構築] ツールバー

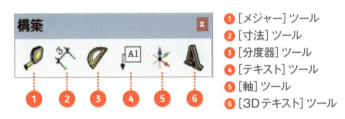

1. [メジャー] ツール
2. [寸法] ツール
3. [分度器] ツール
4. [テキスト] ツール
5. [軸] ツール
6. [3Dテキスト] ツール

● [主要] ツールバー

1. [選択] ツール
2. [コンポーネントを作成] ツール
3. [ペイント] ツール
4. [消しゴム] ツール

● [場所] ツールバー

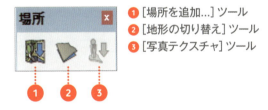

1. [場所を追加...] ツール
2. [地形の切り替え] ツール
3. [写真テクスチャ] ツール

● [測定] ツールバー

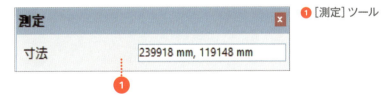

1. [測定] ツール

● [断面] ツールバー

1. [断面平面] ツール
2. [断面平面を表示] ツール
3. [断面カットを表示] ツール
4. [断面塗りつぶしを表示] ツール

●[動的コンポーネント]ツールバー

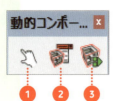

1 [動的コンポーネントとの対話操作]ツール
2 [コンポーネントオプション]ツール
3 [コンポーネントの属性]ツール

●[標準]ツールバー

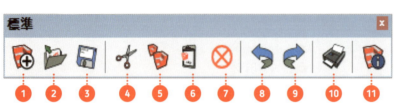

1 [新規]ツール
2 [開く]ツール
3 [保存]ツール
4 [切り取り]ツール
5 [コピー]ツール
6 [貼り付け]ツール
7 [消去]ツール
8 [元に戻す]ツール
9 [やり直し]ツール
10 [印刷]ツール
11 [モデル情報]ツール

●[描画]ツールバー

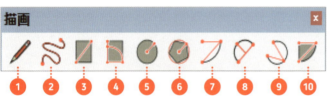

1 [線]ツール
2 [フリーハンド]ツール
3 [長方形]ツール
4 [回転長方形]ツール
5 [円]ツール
6 [ポリゴン]ツール
7 [円弧]ツール
8 [2点円弧]ツール
9 [3点円弧]ツール
10 [扇形]ツール

●[レイヤ]ツールバー

1 [種類]ツール
2 [分類]ツール

●[編集]ツールバー

1 [移動]ツール
2 [プッシュ／プル]ツール
3 [回転]ツール
4 [フォローミー]ツール
5 [尺度]ツール
6 [オフセット]ツール

section 1-6 画面操作と推定機能（スナップ）

ツールとマウスを組み合わせたSketchUpならではの画面操作と、正確で素早い操作をサポートする便利な推定機能（スナップ）について解説する。

step 1-6-1 画面操作

サンプルデータ
1_6.skp

● [ズーム]ツールで拡大／縮小する

[ズーム]ツールを選択し、上下にドラッグすると拡大／縮小が行える。描画領域上で上方向にドラッグすると画面の中心を基点に拡大し、下方向にドラッグすると縮小する。
ホイールボタンを装備したマウスの場合は、[ズーム]ツールを選択しなくても、マウスホイールを前に回転するとカーソルを基点に拡大し、後ろに回転すると縮小する。

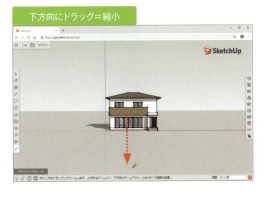

● [オービット]ツールでアングルを変更する

[オービット]ツールを選択し、任意の方向にドラッグすると、モデルを中心にカメラが回転し、アングルを自在に変更できる。
ホイールボタンを装備したマウスの場合は、[オービット]ツールを選択しなくても、ホイールボタンを押しながらマウスを動かせば同様の操作が行える。ただしその場合、コントロールパネルやマウス専用のソフトウェアで、マウスの設定が「中央ボタン」や「中クリック」に設定されている必要がある。

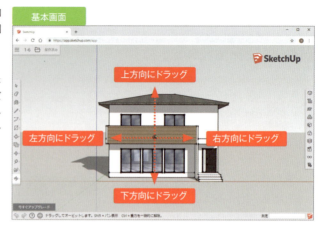

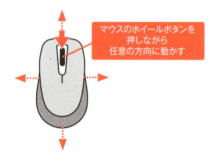

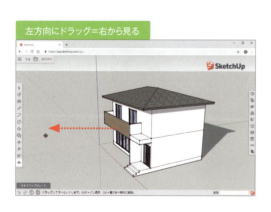

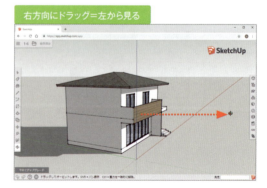

● [パン表示]ツールで垂直／平行に移動する

[パン表示]ツールを選択し、任意の方向にドラッグすると、モデルが垂直／平行に移動する。
ホイールボタンを装備したマウスの場合は、[パン表示]ツールを選択しなくても、Shiftキーとホイールボタンを押しながらマウスを動かせば同様の操作が行える。ただしその場合、コントロールパネルやマウス専用のソフトウェアで、マウスの設定が「中央ボタン」や「中クリック」に設定されている必要がある。

基本画面

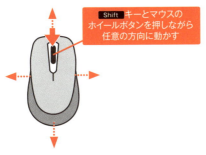
Shiftキーとマウスのホイールボタンを押しながら任意の方向に動かす

上方向にドラッグ＝上に移動

下方向にドラッグ＝下に移動

左方向にドラッグ＝左に移動／右方向にドラッグ＝右に移動

● [ビュー]パネルで既定の視点を選択する

[ビュー]パネルでは、モデルを既定の視点から表示できる。モデルを立体的に表示する[遠近法]と、平面図や立面図のように表示する[平行投影]の2種類の表示方法が用意されている。それぞれ9種類の視点が用意されている。ここでは[遠近法]での見え方を紹介する。

背面左等角ビュー

背面ビュー

背面右等角ビュー

左側ビュー

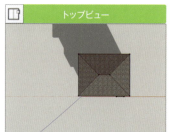
トップビュー

右側ビュー

前面左等角ビュー

前面ビュー

前面右等角ビュー

HINT 平行投影での見え方

[平行投影]も[遠近法]と同じ9種類の視点が用意されている。例えば、[前面ビュー]を選択すると、立面図のような表示となる。

PRO版では [カメラ] メニューの [標準ビュー] で既定の視点を選択する

SketchUp Proでは、[カメラ] メニューから視点を選択する。[カメラ] メニュー ―[標準ビュー] に、[平面][底面][正面][背面][左側面][右側面][等角] の7種類の視点が用意されている。
遠近法と平行投影の切り替えは、[平行投影] または [遠近法][2点透視法] のいずれかにチェックを入れて行う。

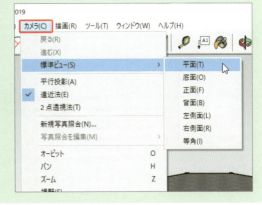

● [全体表示] ツールでモデル全体を表示する

[全体表示] ツールを選択すると、モデル全体が描画領域内いっぱいに大きく表示される。作成したモデルから離れたところに消し忘れたエンティティがないかチェックするときなどに便利だ。

●オブジェクトの表示/非表示

面や線などのオブジェクトは一時的に非表示にできる。モデルの内部の確認や編集時に手前のオブジェクトを非表示にすると、作業しやすくなる。ここでは寄棟屋根形状の内部を確認するため、手前の面を非表示にする。

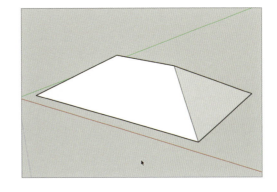

1 [選択]ツールを選択し、手前の面を右クリックして表示されるコンテキストメニューから[非表示]を選択する。面が非表示になり内部が確認できるようになる。

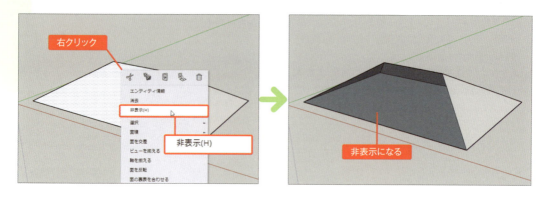

2 非表示にしたオブジェクトを再表示するには、[表示]パネルを表示して、[表示]─[すべて]をクリックする。

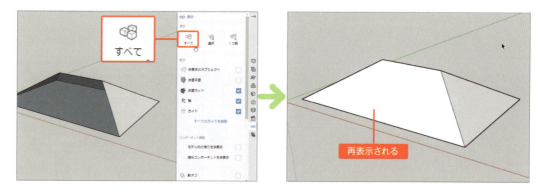

HINT 非表示オブジェクトをわかりやすく表示する

[表示]パネルの[表示]─[非表示オブジェクト]にチェックを入れると、非表示の面は格子状に表示され、曲面などのエッジは点線で表示される。

1-6-2 推定機能（スナップ）

線の端点や交点などにカーソルを近づけると、吸い付くように自動的に引き寄せられる。これは「推定機能」という（CADでは「スナップ」とも呼ばれる）正確な作図に欠かせない機能だ。推定機能には、端点や交点などの点を推定する「推定点」と、カーソルの移動方向を推定する「推定方向」がある。ここでは、主な推定点、推定方向を解説する。

●端点や中点などを推定する「推定点」

線の端点、円弧の端点、面の頂点。緑色の丸い点で表される。

線の中点、円弧の中点。水色の丸い点で表される。

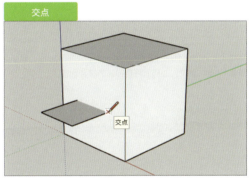

面と面の交点。赤色の×印で表される。

面上の点。青色のひし形の点で表される。

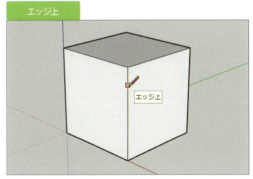

線上の点。赤色の四角い点で表される。

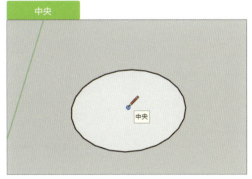

円、円弧、ポリゴンの中心点。青色の丸い点で表される。

半円

円弧の半円の点。半円弧マークで表される。

●移動方向を推定する「推定方向」

赤い軸上

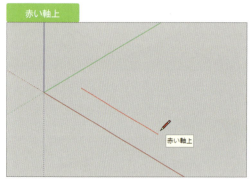

赤軸（X軸）と平行な線。赤色の線で表される。

緑の軸上

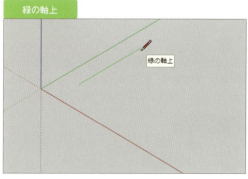

緑軸（Y軸）と平行な線。緑色の線で表される。

青い軸上

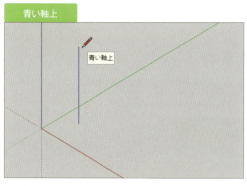

青軸（Z軸）と平行な線。青色の線で表される。

エッジに平行

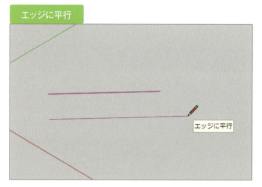

基準となる線と平行な線。ピンク色の線で表される。

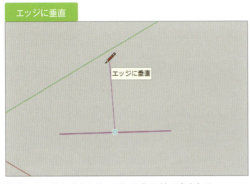

基準となる線と垂直な線。ピンク色の線で表される。

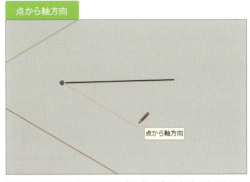

基準となる点から軸に平行な点。軸の色の点線で表される。

> **HINT** 推定方向をロックする
>
> 推定方向が表示されたときに Shift キーを押すと、推定方向を表す線が太くなり推定方向にカーソルがロック（固定）される。また、↑ キーを押すと青軸方向に、← キーを押すと緑軸方向に、→ キーを押すと赤軸方向にカーソルがロックされる。

> **HINT** ［エッジに平行］［エッジに垂直］の基準となる線を指定する
>
> 既存の線の平行線や垂直線を作図する際、 エッジに平行 や エッジに垂直 などの推定方向を利用すると便利だ。これらの推定方向を表示させるには、まず基準となる線にカーソルを合わせ、 エッジ上 などと推定点をポップアップ表示させる（クリックはしない）。ポップアップ表示された線が基準線として記憶され、スムーズに平行線や垂直線が作図できるようになる。

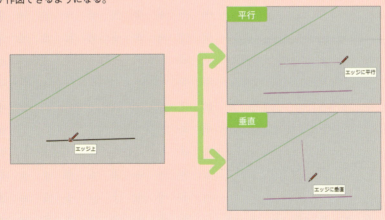

● 推定機能を使って面の中心を見つけ出す

1 直方体を作成したら◎[円]ツールを選択し、正面左辺の中点にカーソルを合わせ（クリックしない）、中点と表示されるのを確認する。

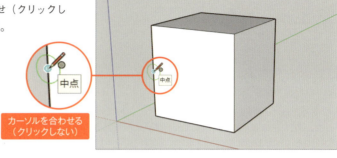

2 正面下辺の中点にカーソルを合わせ（クリックしない）、中点と表示されるのを確認する。

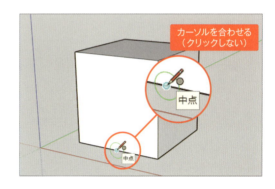

3 カーソルを青軸と平行に上に移動すると、面の中央部、左辺の中点から延びる垂線と交わる点で 点から軸方向 と表示されるのでクリックする。

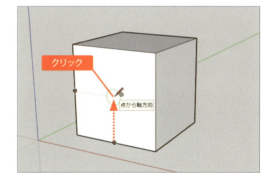

4 カーソルを任意の方向に移動し、クリックすると、手順3でクリックした点を中心に円が作成される。

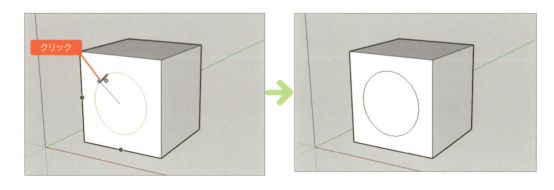

基本操作と必須ツール
basic lesson

section2-1	［選択］ツールで図形を選択する
section2-2	測定ツールバーに数値などを入力する
section2-3	［線］ツールで線を書く
section2-4	［長方形］ツールで長方形を書く
section2-5	［円］ツールで円を書く
section2-6	［テキスト］ツールで文字を記入する
section2-7	［移動］ツールで図形を移動／コピーする
section2-8	［回転］ツールで図形を回転する
section2-9	［尺度］ツールで図形のサイズを個別に変更する
section2-10	［メジャー］ツールで描画領域にあるすべての図形のサイズを変更する
section2-11	［プッシュ／プル］ツールで平面図形を立体図形にする
section2-12	［フォローミー］ツールでパスを利用して面を押し出す
section2-13	［分割］機能で線を分割する
section2-14	［交差］機能で面を分割する
section2-15	［ペイント］ツールで色／素材を適用する
section2-16	［グループ］［コンポーネント］機能で複数の図形をひとまとめにする

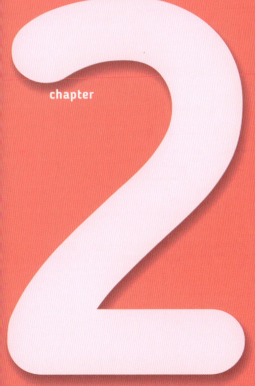

chapter 2

本章はSketchUpを使ってモデリングなどを行ううえで、
最低限必要なツールの紹介と、
そのツールを使用したさまざまな操作方法を紹介する。
いずれも、SketchUpを操作する際に、
必ず使用するといってよいテクニックなので、
しっかり身につけて、素早く効率的なモデリングを実現しよう。

section 2-1 ［選択］ツールで図形を選択する

［選択］ツールは、図形の選択や選択解除を行う。

❶ クリック（単一選択）

クリックすると、クリックした面や線が選択される。

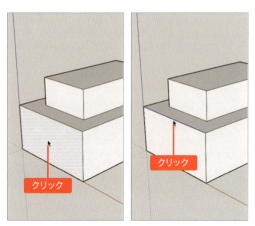

❷ Ctrl キー＋クリック（追加選択）

Ctrl キーを押しながらクリックすると、面や線が追加選択される。Ctrl キーを押している間、カーソル横に「＋」が表示される。

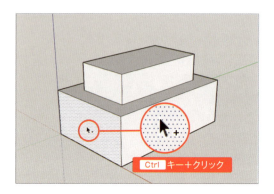

❸ Shift ＋ Ctrl キー＋クリック（選択解除）

Shift キーと Ctrl キーを押しながらクリックすると、選択状態にある図形が選択解除される。Shift キーと Ctrl キーを押している間、カーソル横に「－」が表示される。

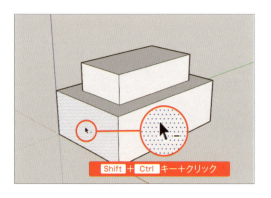

❹ Shift キー＋クリック（追加選択／選択解除）

Shift キーを押しながらクリックすると、選択状態にある図形が選択解除され、選択されていない図形が追加選択される。Shift キーを押している間、カーソル横に「±」が表示される。

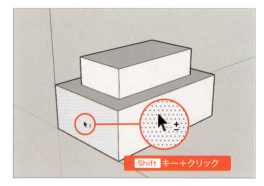

> **HINT 図形をすべて選択する／選択をすべて解除する**
>
> Ctrl キーを押しながら A キーを押すと、描画領域上のすべての図形、文字、寸法が選択される。また、図形が選択されている状態で Ctrl キーを押しながら T キーを押すと、選択されているすべての図形が選択解除される。

❺ 窓選択

右方向へのドラッグを行うと、矩形（実線）の枠で完全に囲まれた図形だけが選択される。

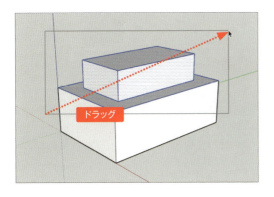

❻ 交差窓選択

左方向へのドラッグを行うと、矩形（破線）の枠内に一部でも含まれた図形が選択される。

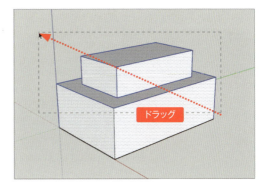

❼ ダブルクリック

面をダブルクリックすると、その面を囲む線が併せて選択される。線をダブルクリックすると、その線に接している面が併せて選択される。

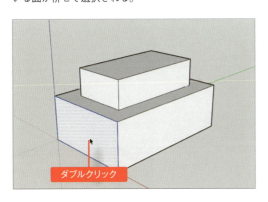

❽ トリプルクリック

面や線をトリプルクリックすると、その面や線を含むすべての図形やオブジェクト全体が選択される。

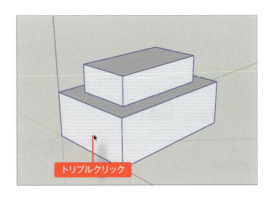

HINT　図形に付随する文字や寸法を選択する

図形に付随する文字や寸法は、ダブルクリックやトリプルクリックしても選択されない。図形と一緒に選択するには、いったん図形を選択した後で Ctrl キーあるいは Shift キーを押しながら文字や寸法をクリックして追加選択する必要がある。

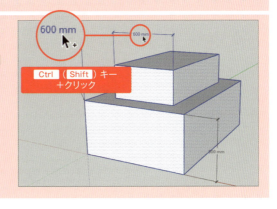

HINT 面の輪郭線のみを選択する

面の内側にさらに面が存在するとき、内側の面を選択してそのまま削除すると、モデルに穴が開いてしまう（上図）。面を構成している輪郭線だけ選択することで穴を開けずに削除できる（下図）。輪郭線のみを選択して削除するには、次の手順で行う。

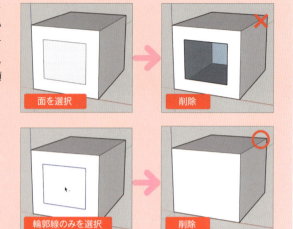

1 長方形をダブルクリックして面と輪郭線を選択する。

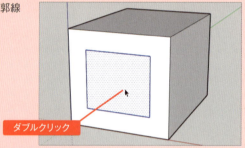

2 Shift + Ctrl キーを押しながら長方形の面をクリックして選択解除すると、輪郭線のみが選択された状態になる。この状態で Delete キーを押すと、穴は開かずに輪郭線のみ削除される。

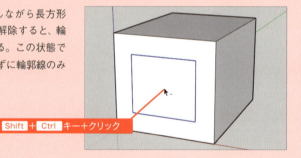

section 2-2 測定ツールバーに数値などを入力する

測定ツールバーにキーボードから入力した文字や数字を反映させることで、数値による正確な作図を行える。ここでは測定ツールバーの基本操作を解説する。

●キーボードから数値などを入力する

画面右下の測定ツールバーへの数値入力は、[線]ツールなど特定のツールを選択した状態でのみ、キーボードから行える。測定ツールバーに文字列を反映させて実行できるのは、半角英数記号に限られる。全角文字や半角カタカナ文字は、測定ツールバーに入力して Enter キーを押しても、作図には反映されない。

1　[線]ツールを選択し、描画領域の任意の位置をクリックして、カーソルを任意の方向（ここでは右上）に移動する。

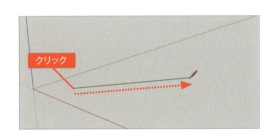

2　キーボードから任意の文字列（ここでは「2000」）を半角数字で入力すると、測定ツールバーに反映される。

3　Enter キーを押すと、入力した数値（2,000mm）の線分が作成される。Esc キーを押して[線]ツールを終了すると、線分が完成する。

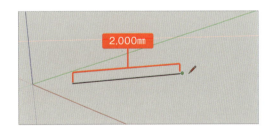

> **HINT　測定ツールバーへの入力時の注意**
>
> 測定ツールバーを直接クリックしても、数値などを入力できる状態にはならない。数値入力が可能なときのみ、キーボードから入力できる。

section 2-3　✐ [線] ツールで線を書く

✐ [線] ツールを使うと、さまざまな方法で線分を作成できる。また線分で任意の領域を囲むことで面を作成できる。

❶ 2点を指定して線を書く

図のように、始点をクリック→カーソルを移動→終点をクリックする、もしくは始点から終点までドラッグすることで線を書ける。前者の操作では、終点が自動的に次の線の始点となるが、後者の操作では始点にならない。前者の操作で次の線の始点にせず、線を完成するには Esc キーを押す。

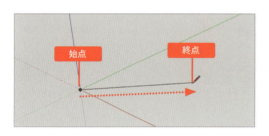

❷ 数値や単位を指定して線を書く

始点をクリックしてカーソルを任意の方向へ移動し、キーボードから数値を入力して測定ツールバーに反映させ、Enter キーを押すと、始点からカーソルの移動方向へ、指定した数値の長さの線が書ける。数値を入力する際、「m」「cm」「mm」「'(フィート)」「"(インチ)」などの単位を指定できる。単位を指定しない場合は、🗐 [モデル情報] パネルで設定した単位で線が描画される。

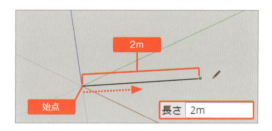

❸ 絶対座標を指定して線を書く

始点をクリックし、カーソルを任意の方向へ移動して、キーボードから「[赤(X)座標値,緑(Y)座標値,青(Z)座標値]」(数値やカッコ、カンマなどはすべて半角文字)と入力して測定ツールバーに反映させ、Enter キーを押すと、目的の点(2点目)を絶対座標で指定できる。

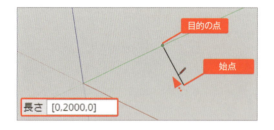

❹ 相対座標を指定して線を書く

始点をクリックし、カーソルを任意の方向へ移動して、キーボードから「<赤(X)座標値,緑(Y)座標値,青(Z)座標値>」(数値やカッコ、カンマなどはすべて半角文字)と入力して測定ツールバーに反映させ、Enter キーを押すと、目的の点(2点目)を相対座標で指定できる。

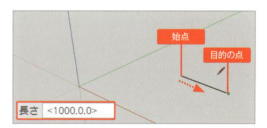

HINT　線の上を別の線でなぞると、最初の線が分割される

同一レイヤ上にある線を ✐ [線] ツールで同じ長さでなぞっても、線は1本のままだ。また、別々の場所で作成した、同じ角度、かつ同じ長さの2本の線を移動して重ねても、1つの線分として扱われる。ただし、同じ角度の線でも、長さの異なる線分が重なった場合、または違う長さでなぞった場合には、線分が分割される。

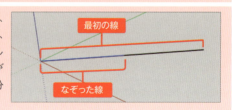

❺ 面を作成する

同一平面上で線を書いて任意の領域を囲み、閉じると面が作成される。

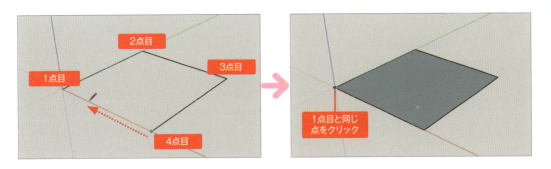

HINT 線が閉じていても、同一平面上に頂点がなければ面は作成されない

下の図形の場合、線が閉じた状態でも面が作成されていないのは、頂点 Ⓐ が、青（Z）軸方向の高さを持っているため、斜め上からのアングルではわかりにくいが、正面から見るとよくわかる。このように、線を閉じて面を作成するには、各頂点が同一平面上にある必要がある。

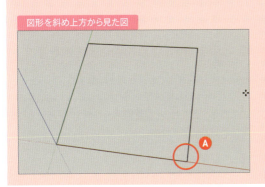
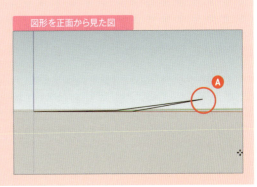

HINT 面を構成する線（辺）を消去すると、同時に面も消去される

面を構成する線（辺）の1つを消去すると、領域を閉じられなくなるため面が消去される。

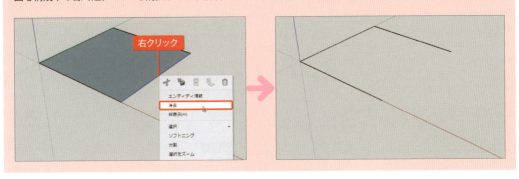

section 2-4 ［長方形］ツールで長方形を書く

［長方形］ツールでは、正方形や黄金比の長方形など、さまざまな長方形を作成できる。

❶ 2点を指定して長方形を書く

図のように、始点をクリック→カーソルを移動→終点をクリックする、もしくは始点から終点までドラッグすることにより、始点と終点を対角線とする長方形を書ける。

❷ 正方形を書く

始点をクリックし、カーソルを移動して終点をクリックする際、カーソルの移動に追随して対角線が点線で表示され、カーソル横に 正方形 の表示が出る位置でクリックすると、正方形を書ける。

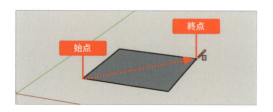

❸ 黄金比の長方形を書く

始点をクリックし、カーソルを移動して終点をクリックする際、カーソルの移動に追随して対角線が点線で表示され、カーソル横に 黄金分割 の表示が出る位置でクリックすると、黄金比（1：（1＋√5）÷2）の長方形となる。

❹ 数値を指定して水平面に長方形を書く

始点をクリックしてカーソルを移動する。キーボードから、「赤（X）軸に平行な辺の長さ,緑（Y）軸に平行な辺の長さ」を入力して Enter キーを押すと、指定した大きさの長方形を書ける。

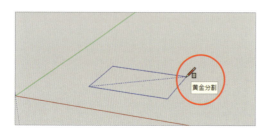
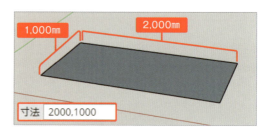

❺ 垂直面に長方形を書く

垂直の面に長方形を書く場合、測定ツールバーには「カーソル移動の大きい方の軸の値,小さい方の軸の値」の順で寸法が表示される。数値を入力して長方形を書く場合は始点をクリックし、書きたい長方形の長辺方向に多くカーソルを移動した後、キーボードから「長辺の値,短辺の値」を入力して Enter キーを押す。入力時に測定ツールバーの表示を確かめながらカーソルを移動して値を入力すれば失敗はしないだろう。

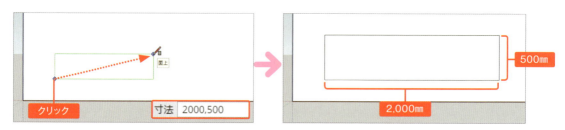

section 2-5　[円]ツールで円を書く

[円]ツールでは、正円を作成できる。

❶ 2点を指定して円を書く

図のように、始点をクリック→カーソルを移動→終点をクリックする、もしくは始点から終点までドラッグすることにより、始点終点間を半径とする円を書ける。

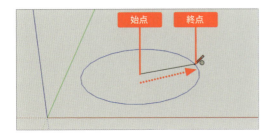

❷ 数値を指定して円を書く

始点をクリックしてカーソルを移動する。キーボードから、「円の半径」を入力して Enter キーを押すと、指定した半径の円を書ける。

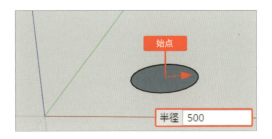

HINT　円の半径やセグメント数を変更する

円を構成する半径やセグメント数（円周を構成する線分の数。標準では円周は24本の線分で構成されている）は変更することができる。円周を選択した状態で[エンティティ情報]パネルを表示し、パネルの[半径]や[セグメント数]に数値を入力して変更する。

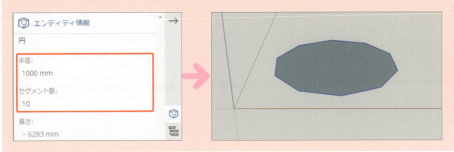

HINT　作成済みの円の半径を変更する

すでに作成された円の半径を後から変更することができる。[移動]ツールを選択し、円周にカーソルを合わせて円周が選択状態（青色）にならない 端点 （四半円点または四分円点。赤（X）軸を基準にした、円周上の0、90、180、270度の各点）をクリックし、カーソルを移動して任意の位置でクリックする。あるいは、カーソル移動時にキーボードから数値を入力して Enter キーを押す。

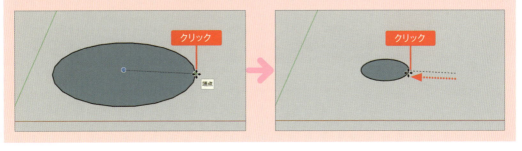

section 2-6　[テキスト]ツールで文字を記入する

[テキスト]ツールは、線や面上に文字を記入したり、図形に引き出し線付きの注釈文字を記入したりできる。

❶ 画面に固定される文字（スクリーンテキスト）を記入する

[テキスト]ツールで図形のない任意の位置をクリック→文字を入力→図形のない任意の位置をクリックすると、文字（画面テキスト）が記入される（左図）。画面テキストは、図面の拡大／縮小などの視点の変更には影響を受けない（右図）。なお、入力済みの文字をダブルクリックすると、編集が可能になる。

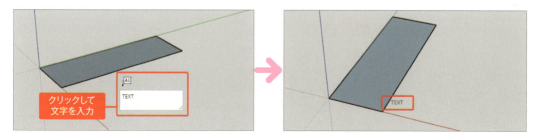

HINT　日本語の入力に関する注意

現時点（2019年6月）では残念ながら、SketchUp Freeは「MSゴシック」などの日本語に対応したフォントを選択できない。SketchUp Proでは、日本語に対応したフォントの指定ができる。

❷ 線や面からの引き出し線付き文字を記入する

[テキスト]ツールで線や面をクリック→カーソル移動→終点をクリックすると、文字入力欄が表示される。文字入力欄には、最初にクリックした図形が線なら長さが、面なら面積が、端点なら座標値が表示されるので、任意の文字を入力するときは文字を変更する。図形のない任意の位置をクリックすると、引き出し線付きの文字が記入される。

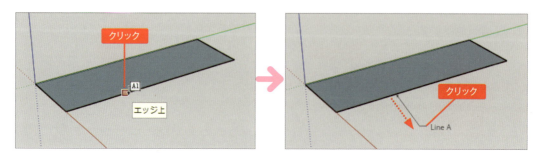

❸ 線や面をダブルクリックして引き出し線のない文字を記入する

線や面をダブルクリックすると、引き出し線のない文字が記入される。

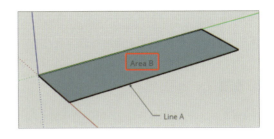

> **HINT 引き出し線のない文字を移動する際の注意**
>
> 線や面をダブルクリックして記入される引き出し線のない文字は、データ上は引き出し線が存在するが、非表示になっている状態にある。そのため、引き出し線のない文字や、それがリンクしている面や線を移動する際に、文字が不自然な挙動を見せる場合がある。

❹ 図形にリンクしている文字の特徴

図形を移動すると、リンクしている文字が未選択状態でも図形に連動して移動する。[寸法]ツールで作成した寸法線についても同様だ。

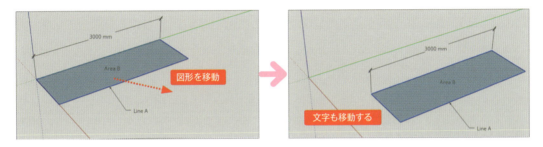

文字がリンクしている図形が非表示になったときは、文字も非表示になる。ただし、寸法はリンク先の図形の影響は受けない。面を非表示にすると、面にリンクしている文字も非表示になる。

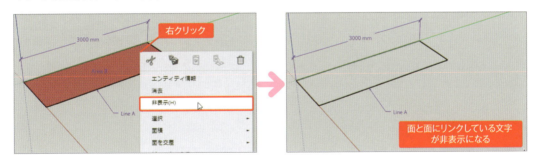

文字とリンクしている図形のレイヤを非表示にすると、別レイヤ上に作成した図形にリンクする文字も、表示設定に関係なく非表示状態となる。

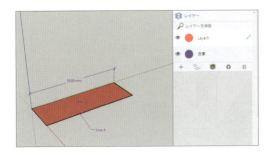

section 2-7 [移動]ツールで図形を移動／コピーする

[移動]ツールは、図形の移動やコピーを行う。

❶ Ctrl キーを押してコピーモードにする

[選択]ツールで移動／コピーする図形を選択する。[移動]ツールを選択し、Ctrl キーを押してコピーモードにする（ツール横に「＋」と表示される）。移動の基点となる任意の位置をクリックし、カーソルを移動する。カーソルの移動に合わせてコピーされる図形が移動するので、任意の位置をクリックし、移動を終了（配置を決定）する。Ctrl キーを押すタイミングは、移動の基点をクリックした後でも、移動を終了するクリックの直前でもよい。

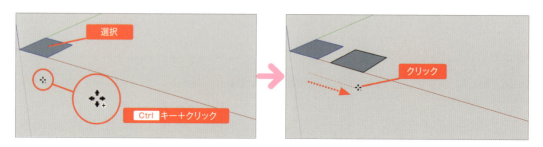

❷ コピーする数を指定してコピーする

❶で図形を配置した後に、コピーされた図形が選択された状態で、キーボードから「個数x（エックス）」（または、「x（エックス）個数」）を入力し Enter キーを押す。基の図形とコピーされた図形との間隔と同じ間隔で、入力した個数だけコピーされた図形が配置される。

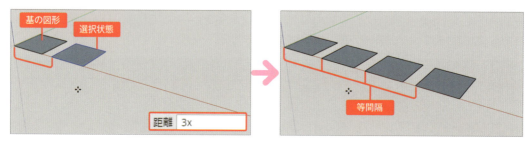

❸ 任意の距離間を均等に分割

❶で図形を配置した後に、コピーされた図形が選択された状態で、キーボードから「分割数/」（または、「/分解数」）を入力して Enter キーを押す。基の図形とコピーされた図形との間隔距離を、入力した分割数で等分した位置にコピーされた図形が配置される。

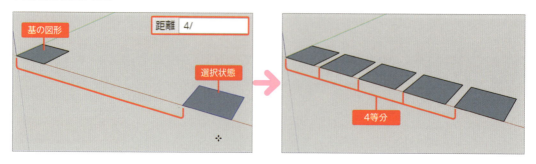

section 2-8 [回転]ツールで図形を回転する

[回転]ツールは、図形の回転や回転コピーを行う。

❶ 回転する

[選択]ツールで図形の面をトリプルクリックしてすべて選択する。[回転]ツールを選択して回転軸の原点を指定するが、このとき、カーソルに表示される分度器マークの色が回転軸とする軸の色になる。ここでは、緑軸を回転軸とするので、❶分度器マークを緑にして原点をクリックする。続けて❷回転を開始する位置（力点）でクリックする。

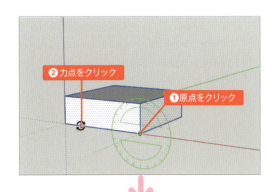

❸カーソルを移動して回転角度を変更し、任意の位置をクリックすると、選択した図形が回転軸を支点に回転する。このとき、キーボードから回転角度を入力してEnterキーを押すと、指定した角度で回転する。

❷ 回転コピーする

❶の[回転]ツール選択後に、Ctrlキーを1回押すとコピーモード（カーソル横に「＋」が表示される）となり、選択中の図形を回転コピーできる。

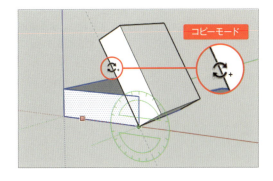

section 2-9 [尺度]ツールで図形のサイズを個別に変更する

[尺度]ツールは、図形のサイズを個別に変更できる。

❶ 図形のサイズを個別に変更する

1 [選択]ツールで図形の面をトリプルクリックしてすべて選択する。[尺度]ツールを選択する。選択された図形が境界ボックス（黄色の枠線）によって囲まれ、境界ボックスの各頂点と各面の中心に尺度変更グリップ（緑色の小さな立方体）が表示される。

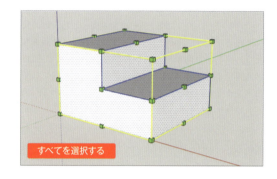

2 任意の尺度グリップをクリックして選択すると、選択したグリップが赤に、その対角線上にあるグリップ（基点）がピンク色に変わる。

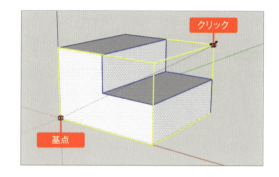

3 カーソルを移動→クリック、またはキーボードで尺度倍率を入力して Enter キーを押すと、図形のサイズを変更できる。サイズ変更後は、描画領域でクリックするか、他のツールを選択すると境界ボックスが解除される。

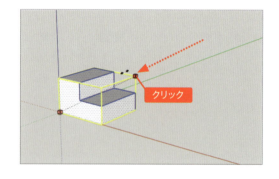

❷ **基点を変更する**

図形が境界ボックスに囲まれた状態で、Ctrlキーを押しながら尺度変更グリップをクリックする。図形の中心（選択した尺度変更グリップとその対角線上にある基点との中点）のグリップがピンク色で表示され、変形の基点が対角線の端点から対角線の中点に変更される。

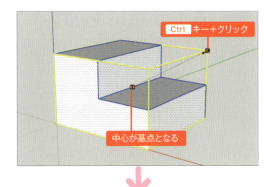

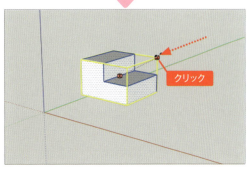

HINT 図形を反転して鏡像にする

基点を指定した後、測定ツールバーに「-1」と入力してEnterキーを押すと、反転して鏡像になる。

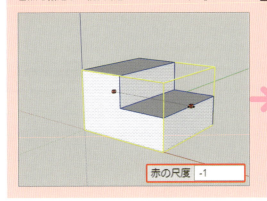
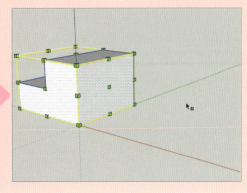

section 2-10　[メジャー]ツールで描画領域にあるすべての図形のサイズを変更する

個別に図形のサイズを変更する場合は、前ページで解説したように[尺度]ツールを使用する。しかし描画領域にあるすべての図形のサイズを一括で変更する場合は、[メジャー]ツールを使用するほうが効率的だ。

●図形の一辺の長さを基にサイズを変更する

1　[メジャー]ツールを選択する。サイズ変更の基準となる図形の始点をクリックする。次に終点をクリックすると、クリックした2点間の距離（ここでは2,000㎜）がウィンドウ右下の測定ツールバーに表示される。

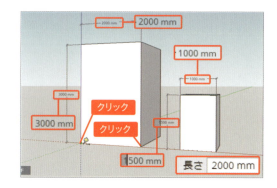

2　変更する尺度に合わせ、2点間の距離をキーボードから入力してEnterキーを押す。ここでは、サイズを1/2にするため、「1000」と入力した。

3　モデルのサイズ変更を確認するダイアログが表示されるので、[はい]ボタンをクリックして変更を許可する。

4　変更された2点間の距離に合わせて、すべての図形のサイズが変更される。

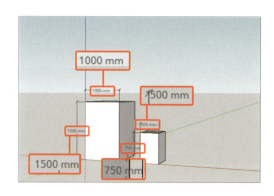

section 2-11 [プッシュ／プル] ツールで平面図形を立体図形にする

[プッシュ／プル] ツールは、平面を押したり引いたりすることで立体を作成できる。

❶ クリック→カーソル移動→クリック、またはドラッグで平面を立体にする

[プッシュ／プル]ツールで立体にする面をクリックし、カーソルを移動して任意の位置でクリックすると立体になる（面をドラッグしても立体化できる）。立体にする面をクリックした後、キーボードから立体の高さの値を入力して Enter キーを押すと、指定した数値の高さ（幅）の立体を作成できる。

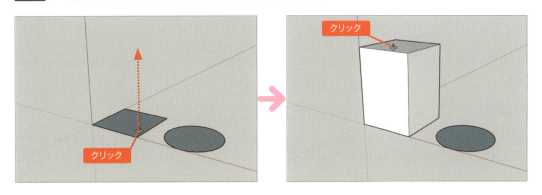

❷ ダブルクリックで立体化する

❶の作業の直後に別の面をダブルクリックすると、❶の高さ（幅）が反映され、同じ高さ（幅）の立体になる。

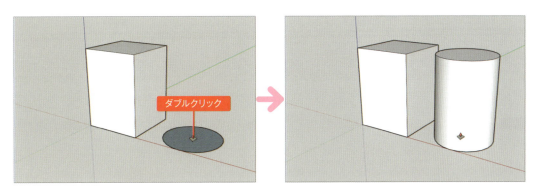

❸ Ctrl キーを押して立体を新規に追加する

Ctrl キーを押すとカーソル横に「+」が表示され、追加モードになる。立体の面をクリックしてカーソルを移動すると、基の立体を変形するのではなく、クリックした面から新たに立体が作成されるので、任意の位置でクリックして形状を決定する（ドラッグしても同様の効果を得られる）。Ctrl キーを押すタイミングはカーソル移動中でもよい。

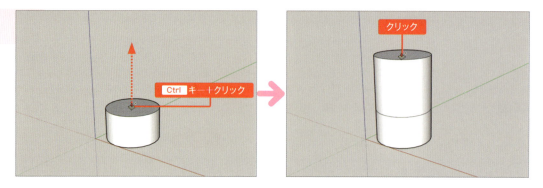

❹ Alt キーを押して角度のついた側面を持つ立体を伸縮する

[プッシュ／プル]ツールで側面に角度のついた立体の上面をクリック→カーソルを移動→クリックすると、❸の追加モードと同様、図のように側面が分割された状態になる。

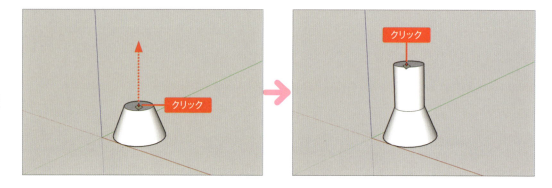

Alt キーを押しながら立体の上面をクリック→カーソルを移動→クリックすると、図のように側面が連続した状態の立体となる。

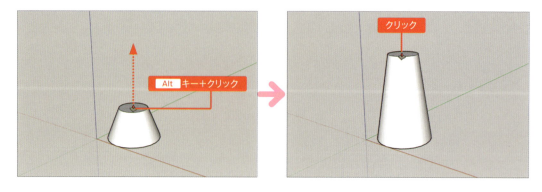

section 2-12　[フォローミー] ツールで パスを利用して面を押し出す

[フォローミー] ツールは、指定したパス（線や面の輪郭）に沿って面を押し出して立体を作成する。

❶ 線分のパスに沿って面を押し出す

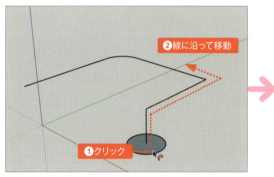
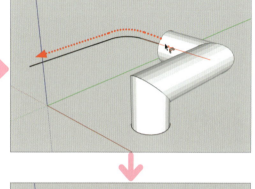
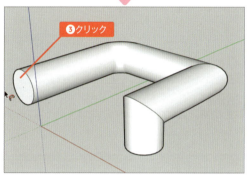

[フォローミー]ツールを選択する。❶ 押し出す基となる面をクリックし、❷ カーソルを線に沿って移動する（パスはクリックしない）。パスに沿って面が押し出され、立体が作成される。❸ 終点をクリックして確定する。

❷ 円をパスにして回転体を作成する

❶ あらかじめ [選択]ツールでパスになる円をクリックして選択しておく。❷ [フォローミー]ツールを選択し、回転する断面をクリックすると、回転体が作成される。

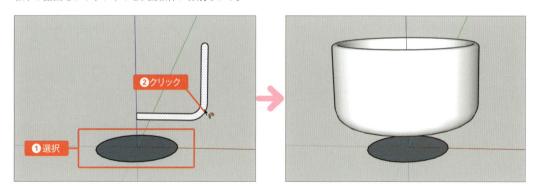

2-13 ［分割］機能で線を分割する

［分割］機能を用いて、線分や辺を均等に分割できる。

●コンテキストメニューの［分割］で直線を分割する

1 線分を右クリックして表示されるコンテキストメニューから［分割］を選択する。

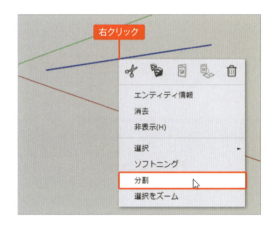

2 線分上に赤い点が、カーソル横に分割数が表示される。線に沿ってカーソルを左右に移動すると分割数が変化するので、分割したい数が表示されている状態でクリックする。または、キーボードから分割数を入力して Enter キーを押す。指定された数で分割される。

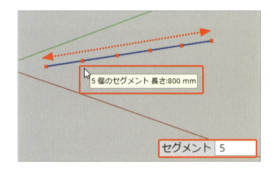

HINT 円弧の分割

直線と同じ方法で円弧も分割できる。

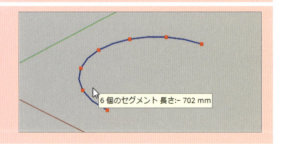

2-14 ［交差］機能で面を分割する

［交差］機能を使って立体と立体が交差する部分にエッジを追加すると、エッジ（境界線）で面を分割できる。

●コンテキストメニューの［交差］で立体の交差部分にエッジを追加する

1 ［移動］ツールで円柱を移動して立方体に重ねる。移動しただけでは、立体と立体が交差している部分にはエッジは作成されない。

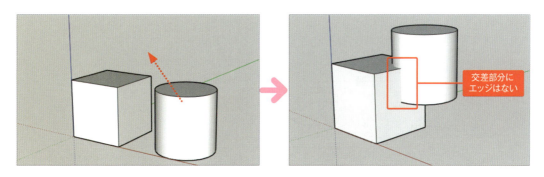

2 ❶立方体と円柱を選択し、❷右クリックして表示されるコンテキストメニューから［面を交差］―［モデルと交差］を選択する。立体と立体が交差している部分にエッジが作成され、面が分割された状態になる。

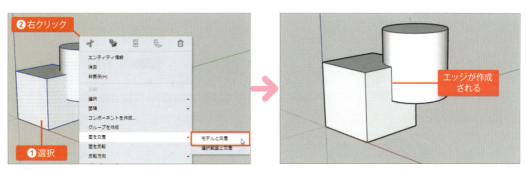

3 円柱を削除すると、図のように立方体が削られる。

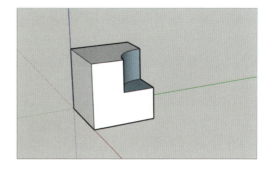

section 2-15 [ペイント] ツールで色／素材を適用する

[ペイント]ツールでは、[マテリアル] パネルに登録されている色や素材などのマテリアルを図形に適用できる。

❶ マテリアルを図形に適用する

[ペイント]ツールを選択すると、[マテリアル] パネルが開くので、[参照] をクリックする。標準で登録されているマテリアルの項目がリスト表示されるので、任意の項目（ここでは、[レンガ、クラッディングとサイディング]）をクリックして展開する。マテリアルのサムネイルが表示されるので、任意のマテリアル（ここでは、[レンガ アンティーク 01]）をクリックして選択する。面をクリックすると、マテリアルが適用される。

❷ 接している面かつ同じマテリアルの面に新たなマテリアルを適用する

[ペイント]ツールでマテリアル（ここでは、[レンガ バスケット]）を選択し、Ctrlキーを押しながら面をクリックすると、その面に接し、かつ同じマテリアルの面にも新たなマテリアルが適用される。

HINT マテリアルを抽出する

[ペイント]ツールを使用しているときにAltキーを押すと、カーソルがスポイトの形になる。その状態で面をクリックすると、マテリアルが抽出され、現在のマテリアルとなる。そのまま任意の面をクリックすると、抽出したマテリアルが適用される。

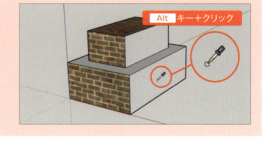

❸ 図形内の同じマテリアルの面すべてに新たなマテリアルを適用する

[ペイント]ツールでマテリアル（ここでは、[レンガ バスケット]）を選択し、Shift キーと Ctrl キーを押しながら面をクリックすると、図形内でその面と同じマテリアルのすべての面に新たなマテリアルが適用される。

❹ 描画領域内の同じマテリアル面のすべてに新たなマテリアルを適用する

[ペイント]ツールでマテリアル（ここでは、[レンガ バスケット]）を選択し、Shift キーを押しながら面をクリックすると、描画領域内にある同じマテリアルのすべての面にも新たなマテリアルが適用される。

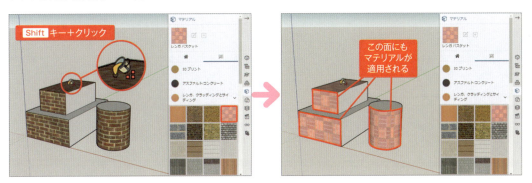

HINT　グループ／コンポーネント化したエンティティへのマテリアルの適用

グループ／コンポーネントは構成している面ごとにマテリアルを適用できるが、グループ／コンポーネント全体に対してもマテリアルを適用することができる。ただし、構成している面が[デフォルト]の場合にのみ新たなマテリアルが適用される。図のように[レンガ アンティーク01]が適用されているグループ／コンポーネントに対して[レンガ バスケット]を適用すると、[デフォルト]の面にのみ新たなマテリアルが反映される。

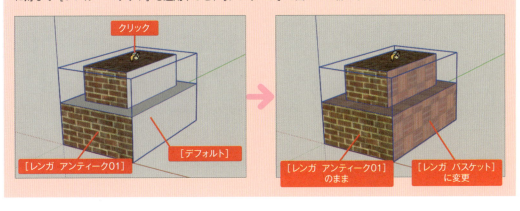

section 2-16 ［グループ］［コンポーネント］機能で複数の図形をひとまとめにする

［グループ］［コンポーネント］機能では、複数の図形をひとまとめにして扱うことができる。図形が込み合って編集や選択が煩雑になった状態でも、部品ごとにグループ／コンポーネントとしてまとめておくことで、表示／非表示の切り替えなどが簡単に行え、効率よく作業できる。

❶ グループ／コンポーネントの特徴

SketchUpでは図形同士を接するように作成すると、重なった面や線が自動的に一体化され、片方を移動するともう一方も追従して移動する（図①）。図形の一方をグループかコンポーネントにすると、重なった面や線が一体化するのを防ぐことができる（図②）。

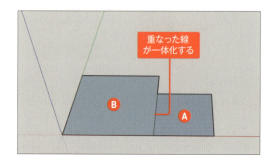

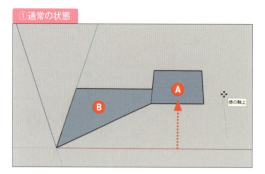

正方形❹だけ移動するつもりでも、図のように正方形❸の右辺も移動して形が崩れてしまう

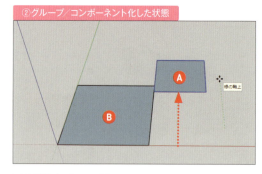

正方形❹をグループ化またはコンポーネント化すると、図形同士が接しても一体化されない。そのため、正方形❹を移動しても正方形❸に影響はない

グループ／コンポーネント化すると、複数の図形をひとまとまりとして扱えるので、一度のクリックで選択できる。

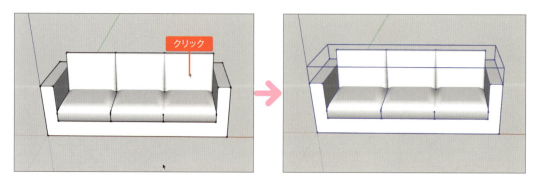

❷ グループとコンポーネントの違い

コンポーネントはどれか1つに変更を加えるとほかのコンポーネントすべてにその変更が反映されるが、グループは変更が反映されない。

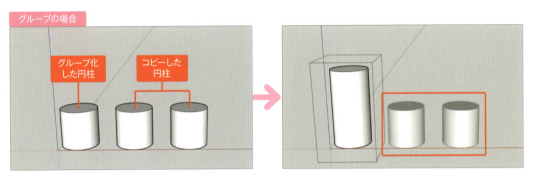

グループ化した円柱を横に2つコピーした状態　　　コピー元の円柱の高さを変更しても、コピーした円柱の高さは変わらない

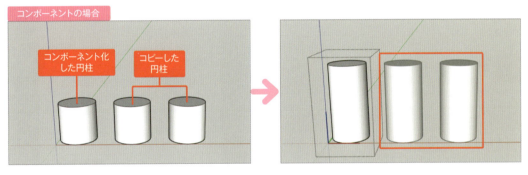

コンポーネント化した円柱を横に2つコピーした状態　　　コピー元の円柱の高さを変更すると、コピーした円柱の高さも変わる

❸ グループを作成する

グループ化する図形を選択し、右クリックして表示されるコンテキストメニューから［グループを作成］を選択すると、図形が青色の枠線で囲まれ、グループが作成される。

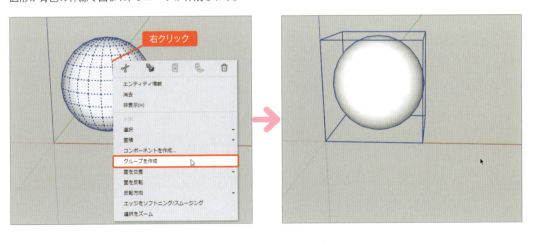

❹ コンポーネントを作成する

1 コンポーネント化する図形を選択し、右クリックして表示されるコンテキストメニューから［コンポーネントを作成］を選択する。

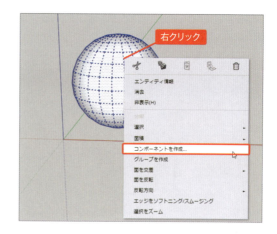

2 ［コンポーネントを作成］ダイアログが表示されるので、［定義］にコンポーネント名を入力し、各種設定（**HINT**参照）を行って［OK］ボタンをクリックする。

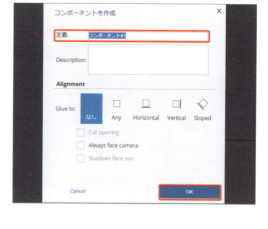

HINT コンポーネントの設定

［コンポーネントを作成］ダイアログでの設定内容は下記のとおり。

［定義］：コンポーネントの名前
［Description］：コンポーネントの説明
［Alignment］：配置方法
［Glue to］：貼り付け面
　［Any］：任意／［Horizontal］：水平／
　［Vertical］：垂直／［Sloped］：傾斜
［Cut opening］：開口部を作成する
［Always face camera］：常にカメラに対面する
［Shadows face sun］：太陽と影の関係を固定する

3 図形が青色の枠線で囲まれ、コンポーネントが作成される。

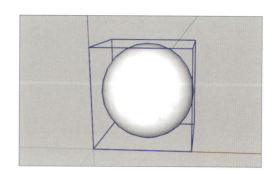

4 作成したコンポーネントは、[コンポーネント] パネルの [モデル内] リストに追加される。コンポーネント名をクリックして、描画領域内をクリックするとコンポーネントを配置できる。

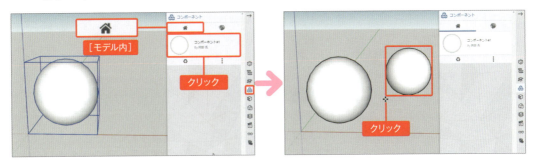

❺ グループ／コンポーネントを編集する

グループまたはコンポーネントをダブルクリックすると、グレーの点線（編集用の境界ボックス）で囲まれ、グループ／コンポーネント内の図形を個別に編集できるようになる（左図）。編集が終わったら、コンポーネントの外を右クリックして表示されるコンテキストメニューから［グループを閉じる］または［コンポーネントを閉じる］を選択する（右図）。

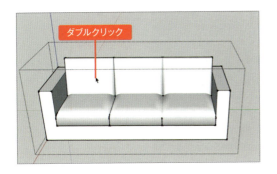 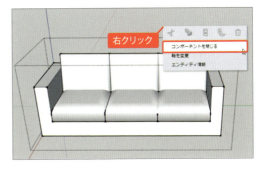

❻ グループ／コンポーネントを分解する

グループまたはコンポーネントを選択し、図形を右クリックして表示されるコンテキストメニューから［分解］を選択する。グループまたはコンポーネントが分解されて個別の図形になる。

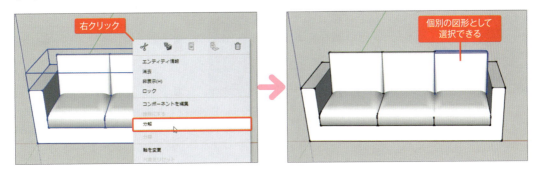

column

Trimble Connectとは

SketchUp Freeで作成・保存したファイルは、使用中のパソコンではなく、Trimble社のサーバに保存され、「Trimble Connect」で操作できる。

「Trimble Connect」とは、Trimble社のサーバに保存されたファイルをWindowsエクスプローラのように管理するプラットフォームで、パソコンやモバイル端末からWebブラウザやアプリを使ってアクセスできる。「Trimble Connect」では、複数のファイルやフォルダごとのアップロード/ダウンロードが行える。SketchUp Freeでは、ファイルの読み込みや書き出しが1ファイルずつしか行えないので、複数ファイルを一度に扱いたい場合は「Trimble Connect」を利用するとよい。

SketchUp Freeから「Trimble Connect」を表示するには、[モデル/環境設定を開く] ボタンをクリックし、表示されるページの左側のメニューから [TRIMBLE CONNECT]（左上図❶）を選択し、[プロジェクト] の上にある [Trimble Connect]（左上図❷）をクリックする。

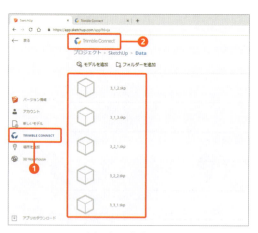 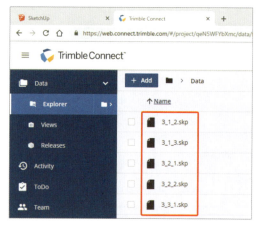

SketchUp Free（左図）で作成したファイルと同じファイルがTrimble Connect（右図）にも保存されている

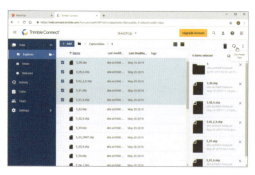

Trimble Connectでは、チェックを入れたファイルやフォルダを一括ダウンロードできる

Trimble Connectでは、SKPファイル以外の形式のファイルもアップロードできる。ただし、SketchUp Freeで表示されるのはSKPファイルのみである

マグカップの
作成

practice1

section3-1　マグカップの平面を作成して立体化する
section3-2　取っ手を作成してカップ本体に接合する
section3-3　画像を貼り付け、質感を与える
section3-4　モデルを印刷する／画像として書き出す

chapter

本章では、前章で紹介した
基本的なツールの機能や使い方を踏まえて、
簡単なマグカップを作成する。
各節では、作成にかかる標準的な時間を記載してある。
これを目安に、スムーズな画面操作や
ツールの使い方をマスターしよう。

chapter 3で作成するモデル

> 本章で使用するすべての作例ファイルは、
> 教材データの「chapter3」フォルダに収録されています。

最終完成画像　**最終完成ファイル**
3_kansei.skp

practice ①　マグカップの作成

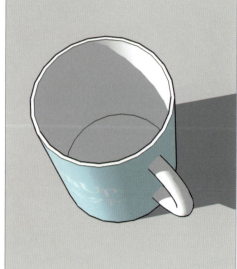

section 3-1 マグカップの平面を作成して立体化する

マグカップの基礎となる、カップ部分と取っ手部分の平面図を作成し、[プッシュ／プル]ツールで立体化する。さらに、カップ部分の円柱を、[プッシュ／プル]ツールを使ってカップ状に成形する。ここでは、「マイテンプレート.skp」を誤って更新してしまわないよう、最初に「マイテンプレート.skp」を別名で保存してからマグカップの作成を行う。

所要時間 15分

本節で使用する作例ファイルは、教材データの「chapter3」フォルダに収録されています。

step 3-1-1 「マイテンプレート.skp」を別名で保存する

1. SketchUp Free を起動し、[現在のモデルのファイル操作]ボタン―[開く]を選択する。

2. [プロジェクト]―[SketchUp]を選択する。

3. 「マイテンプレート.skp」を選択し、[開く]ボタンをクリックする。

4 「マイテンプレート.skp」が開くので、[現在のモデルのファイル操作]ボタン—[名前を付けて保存]を選択する。

5 プロジェクトに新しいフォルダを追加する。[フォルダーを追加]を選択すると、新規フォルダが追加されるので、フォルダ名に「マグカップ」と入力して Enter キーを押す。

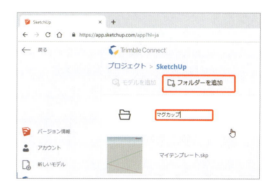

6 追加した「マグカップ」フォルダを選択する。プロジェクトが「プロジェクト＞SketchUp＞マグカップ」と表示されていることを確認し、[名前]に「マグカップ」と入力して[ここに保存]ボタンをクリックする。

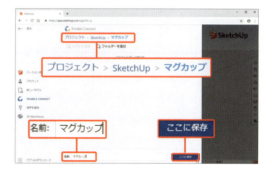

7 作図画面に戻ると、モデル名が「マグカップ」になっていることを確認できる。

3-1-2 カップと取っ手の基礎を作成する

1 マグカップの底になる円を作成する。⊙[円]ツールを選択し、カーソルをXYZ軸（それぞれ赤、緑、青の軸）の交点に合わせ、カーソル横に 原点 と表示される位置をクリックする。

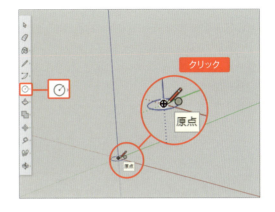

2 カーソルを赤軸に沿って移動し、 赤い軸上 と表示させる（クリックはしない）。キーボードから「40」と入力して Enter キーを押す。 原点 を中心とした半径40mmの円が作成される。これがマグカップの底になる。

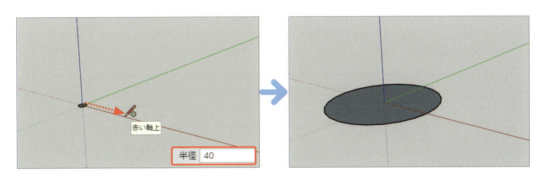

3 マグカップの取っ手を作成する立体の基になる四角形を作成する。⬜[長方形]ツールを選択し、カーソルをXYZ軸の交点に合わせて、 原点 を表示させる（クリックはしない）。そのままカーソルを赤軸に沿って右に移動する。

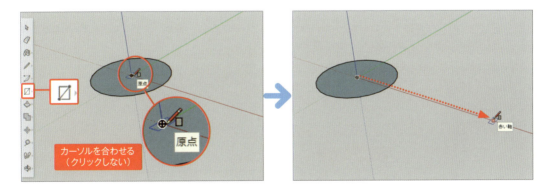

4 　任意の位置（作成済みの円1つ分程度の距離）まで移動して赤軸上でクリックする。カーソルを右上へ移動して長方形を仮表示し、キーボードから「80,80」と入力して Enter キーを押すと、80×80mmの正方形が作成される。これが、マグカップの取っ手を作成する立体の基礎となる。

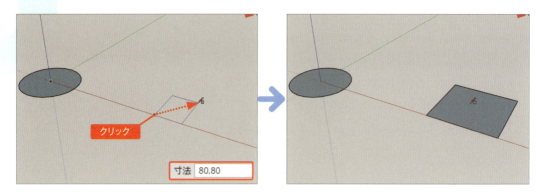

step 3-1-3 平面を立体にする

ここから始める
3_1_3.skp

1 　[プッシュ／プル]ツールを選択し、円の面をクリックして、カーソルを上へ移動する。キーボードから「100」と入力して Enter キーを押すと、半径40mm、高さ100mmの円柱が作成される。

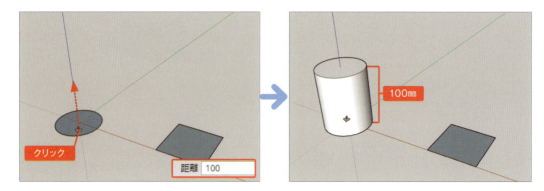

2 　[プッシュ／プル]ツールのまま正方形の面をダブルクリックすると、手順 1 で円に与えた高さの値が正方形の高さに反映され、80×80×100mmの直方体が作成される。

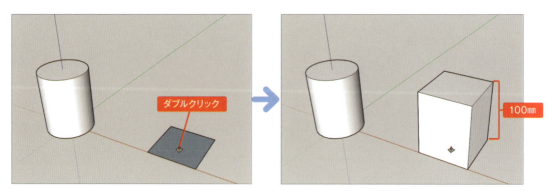

step 3-1-4 円柱をくり抜き、カップ状にする

ここから始める
3_1_4.skp

1 [オービット]ツールと [パン表示]ツールで円柱の上部が見える表示にする。

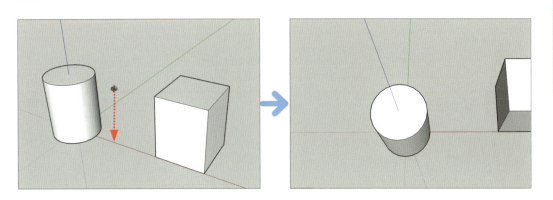

2 [オフセット]ツールを選択し、円柱の上面をクリックすると、カーソルの位置に同心円が表示される。キーボードから「2」と入力して Enter キーを押すと、円柱上面の外周から2mm内側にオフセットされた線が作成される。

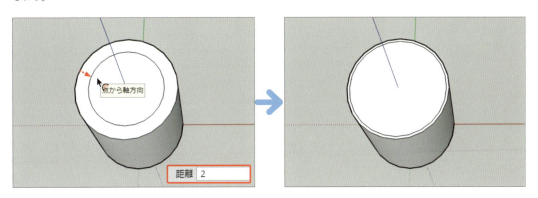

3 [プッシュ／プル]ツールを選択し、円柱の上面の内側の円をクリックしてカーソルを下へ移動する。キーボードから「95」と入力して Enter キーを押すと、側面2mm厚、底面5mm厚のカップ形状が作成される。

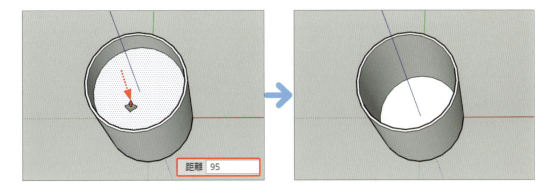

section 3-2 取っ手を作成してカップ本体に接合する

直方体を基に [2点円弧]ツールで半円を作成し、[フォローミー]ツールでマグカップの取っ手を作成する。取っ手をカップ本体の内側の壁に接合してマグカップの形状に整える。

所要時間 15分

本節で使用する作例ファイルは、教材データの「chapter3」フォルダに収録されています。

step 3-2-1 取っ手を作る

ここから始める
3_2_1.skp

1 [選択]ツールで直方体の手前正面を右クリックする。表示されるコンテキストメニューから[ビューを揃える]を選択すると、円柱と直方体を正面から見た表示になる。

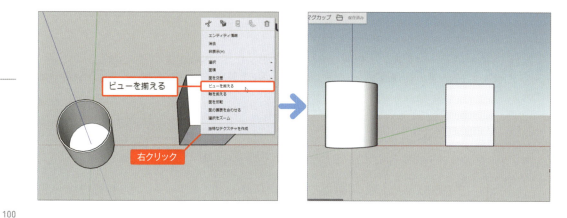

2 直方体の手前正面の左辺を右クリックする。表示されるコンテキストメニューから[分割]を選択する。カーソルを上下に移動すると、線を分割する分割点が赤い点で表示される。4個のセグメントと表示される位置でクリックする。

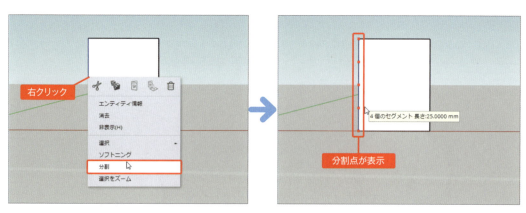

3 　[2点円弧]ツールを選択する。4等分した左辺のうち、一番上の線分の下端付近にカーソルを合わせ、カーソル横に 端点 と表示される位置でクリックする。同様にして、一番下の線分の上端付近にカーソルを合わせ、端点 と表示される位置でクリックする。続けてカーソルを右へ移動すると、円弧が仮表示される。カーソル横に 半円 と表示される位置でクリックすると、半円が作成される。この半円がマグカップの取っ手の基となる。

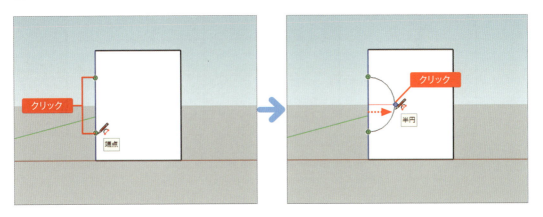

4 　[オービット]ツールで直方体の左側面が見える表示に変更する。

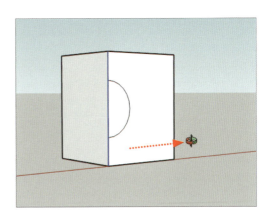

5 　[円]ツールを選択し、カーソルを直方体の左側面に合わせる（クリックしない）と、カーソル横に 面上 と表示され、円が赤い線で仮表示される。カーソルを円弧の上端に移動し、端点 と表示される位置でクリックする。

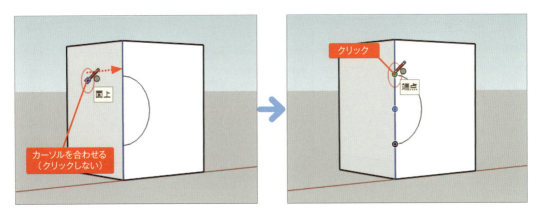

6 | カーソルを直方体の左辺に沿って下（または上）へわずかに移動し、キーボードから「5」と入力して Enter キーを押す。半径5mmの円が作成されるが、円の面上に直方体の辺があるため、円は自動的に分割され半円となる。

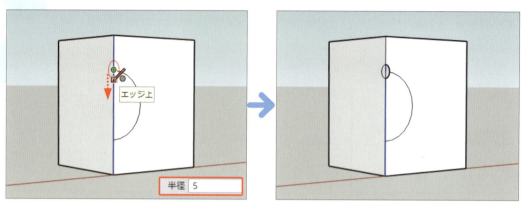

7 | [選択]ツールで手順6で作成した半円2つと円弧を、それぞれ Ctrl キーを押しながらクリックして選択する。

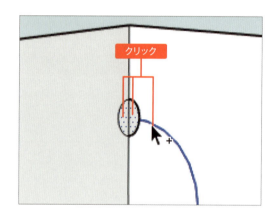

8 | [移動]ツールを選択し、Ctrl キーを1回押してコピーモードにして、選択状態の円弧の下端（[端点]と表示される）をクリックする。カーソルを左へ移動し、赤い点線と[赤い軸上]が表示された状態で、円柱と直方体の中間あたりの位置でクリックする。円と円弧がコピーされる。

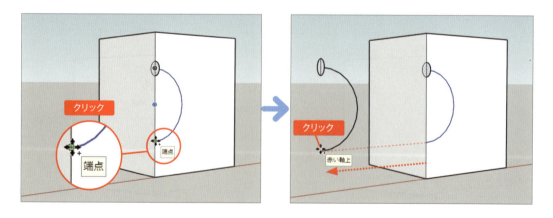

SketchUp パーフェクト[作図実践＋テクニック編]

9 　[消しゴム]ツールを選択し、手順6で作成した円を分割している線をクリックして削除する。このとき、線が上下2本に分割されているので、それぞれをクリックして削除する。

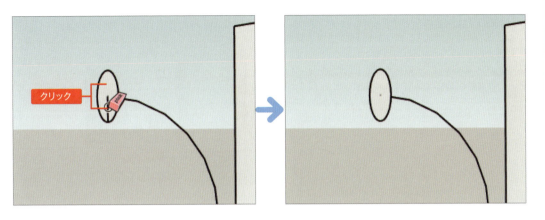

10 　[選択]ツールで円弧をクリックして選択する。

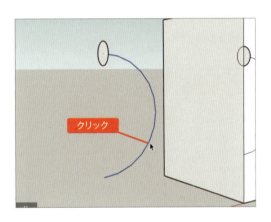

11 　[フォローミー]ツールを選択し、円の面をクリックする。円弧に沿って半径5mmの円が押し出され、取っ手形状が作成される。

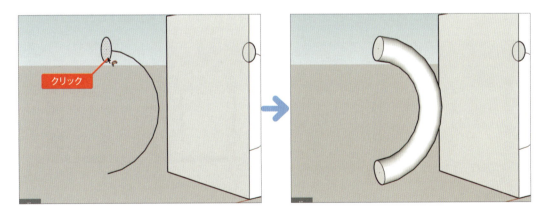

step 3-2-2 カップ本体に取っ手を接合する

ここから始める
3_2_2.skp

1 [オービット]ツールや[ズーム]ツールで図のようにカップと取っ手を正面から見た表示に変更する。
[選択]ツールで取っ手全体を左下から右上へドラッグして窓選択し、取っ手全体を選択する。

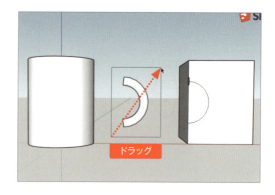

2 選択された取っ手を右クリックし、表示されるコンテキストメニューから[グループを作成]を選択する。取っ手が境界ボックスで囲まれて取っ手を構成する各部品がグループ化される。これで取っ手が1個のパーツとして扱えるようになる。

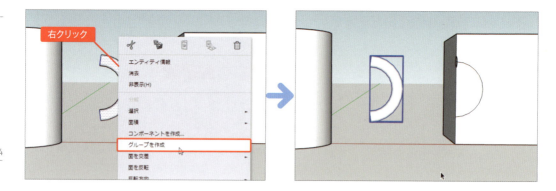

3 [断面平面]ツールを選択すると、カーソルに緑色の断面枠が表示されるので、直方体の正面に合わせてクリックする。モデルがすべて、X（赤）軸とZ（青）軸で構成される面を基準にした断面表示となる。

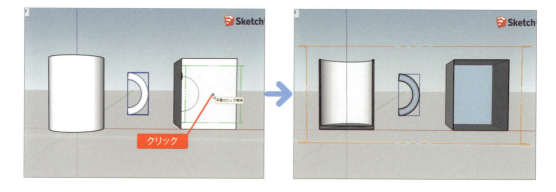

4 ┃ [オービット]ツールや[ズーム]ツールで図のように取っ手の半円になった断面が見える表示に変更する。

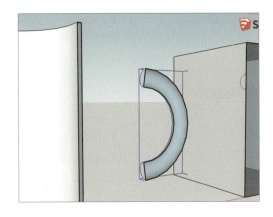

5 ┃ [移動]ツールを選択する。手順 2 で作成したグループが選択されている状態で、カーソルを取っ手部分の半円になった断面下端に合わせ 端点 グループ内 と表示される位置でクリックする。

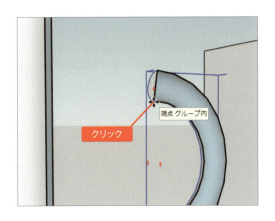

6 ┃ カーソルを赤軸と平行に左へ移動し、赤い点線と 赤い軸上 が表示されたら Shift キーを押して移動方向を固定する。 Shift キーを押したままカーソルをカップ内側へ移動し、取っ手部分の断面下端をカップの内側にある面に接合する。 上の制約 線 交差線 と表示される位置でクリックする。

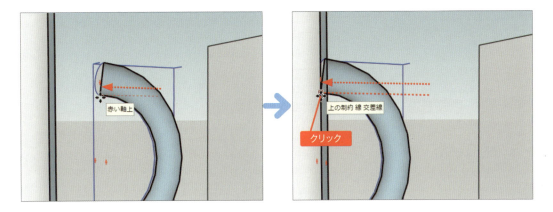

7 図形のない任意の位置を右クリックして、表示されるコンテキストメニューから［アクティブカット］を選択してチェックを外す。断面表示が解除される。

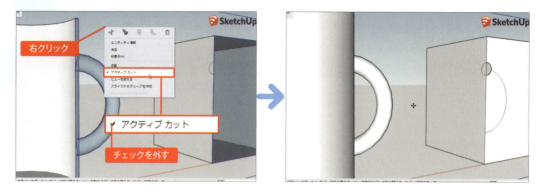

8 ［オービット］ツールや［ズーム］ツールで図のように2つのモデル全体を正面から見た表示にする。
［選択］ツールで直方体全体を左下から右上へドラッグして窓選択する。

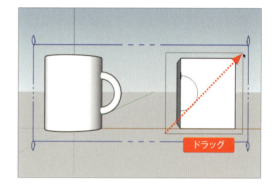

9 選択状態の直方体を右クリックし、表示されるコンテキストメニューから［消去］を選択する。直方体が削除され、マグカップのモデルだけが残る。

section 3-3 画像を貼り付け、質感を与える

完成したマグカップのモデルの表面に画像をマテリアルとして貼り付ける。さらに［影設定］機能で影や陰影を表現し、軸などの余分な線を非表示にして、［スタイル］機能で登録しておく。

所要時間 **10**分

本節で使用する作例ファイルは、教材データの「chapter3」フォルダに収録されています。

step 3-3-1 マグカップのモデルに画像を貼り付ける

ここから始める
3_3_1.skp

1　SketchUp Freeでは画像を読み込んでマテリアルとして貼り付けることができる。［現在のモデルのファイル操作］ボタン―［挿入］を選択する。

2　［ファイルを挿入］ダイアログが表示されるので［お使いのコンピューター］を選択する。

HINT　SketchUp Freeで挿入できる画像形式

SketchUp Freeで挿入できる画像形式は、「*.gif」「*.jpg」「*.png」「*.htm」「*.html」の5種類である。

3　表示される［開く］ダイアログで、あらかじめ用意しておいた画像ファイル（ここでは、教材データの「LOGO.jpg」）を選択して、［開く］ボタンをクリックする。

4 | 再び［ファイルを挿入］ダイアログが表示されるので［マテリアル］を選択する。

5 | 画像が読み込まれ、左下を基点としてカーソルに仮表示される。カーソルをマグカップの下側に移動して、底の 端点 と表示される位置でクリックする。続けて、マテリアルとして登録する画像の高さを指定するため、カーソルをマグカップの上側に移動して、 端点 と表示される位置でクリックする。

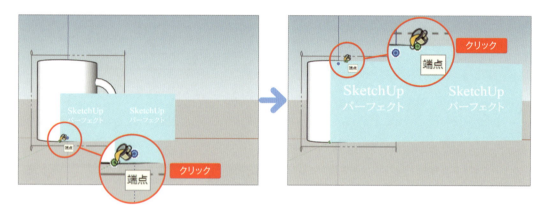

6 | マグカップの円柱の1面にのみ画像がマテリアルとして貼り付けられる。

HINT　登録したマテリアルを側面全体に貼り付けるには

画像を読み込んでマテリアルとして登録する際には、円柱を構成する面の1面にしかマテリアルが貼り付けられない。そのため、円柱の側面すべてにマテリアルを貼る場合は、手順 8 のように、再度マテリアルの貼り付け作業を行う必要がある。

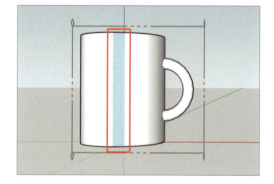

7 　[マテリアル] パネルの [モデル内] を表示すると、読み込んだ画像（ここでは、「LOGO」）がマテリアルとして登録されているのが確認できる。サムネイルをクリックする。

8 　側面全体にマテリアルを貼り付けるため、マグカップの円柱をクリックする。

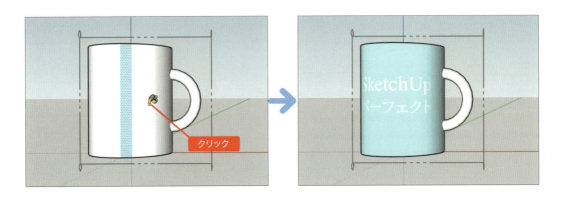

PRO版では [インポート] 機能で画像をマテリアルとして読み込む

SketchUp Proで画像を読み込んでマテリアルとして使用するには、[ファイル] メニュー ―[インポート] を選択する。表示される [インポート] ダイアログでファイルを選択して [インポート] ボタンをクリックする。カーソルに画像が表示されるので、貼り付ける面の 端点 と表示される位置でクリックする。

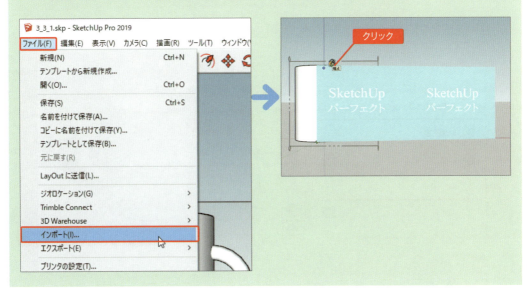

step 3-3-2 影とスタイルで質感を与える

ここから始める
3_3_2.skp

1 ∞[表示]パネルを表示し、[影オフ]が見える位置までパネルをスクロールする。[影オフ]のチェックボックスをクリックしてチェックを入れ、[影オン]に切り替えると、モデルに影が表示される。影の[時刻]や[日付]はスライドバーをドラッグして移動することで変更できる。

PRO版では 日差しの明るさや影の暗さが設定できる

SketchUp Proで影を設定するには、[デフォルトのトレイ]—[影]ダイアログで、影の表示／非表示の切り替え、時刻や日時の設定を行う。ほかにも、日差しの明るさや影の暗さなどの詳細設定も行える。

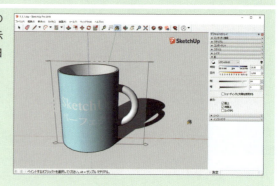

2 断面平面の枠とXYZ軸を非表示にするため、∞[表示]パネル—[表示]にある[断面平面]と[軸]のチェックを外す。

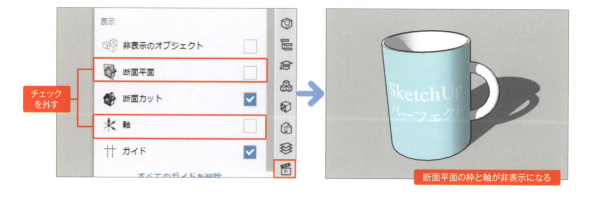

断面平面の枠と軸が非表示になる

3 | 手順①～②で行った影や軸の表示設定をスタイルとして保存する。[スタイル] パネルを表示し、[モデル内] をクリックする。[アクティブなスタイルをコピー] をクリックすると、現在の画面の表示設定が新しいスタイル「Default Modeling Style1」として追加される。

これでマグカップのモデルが完成した。

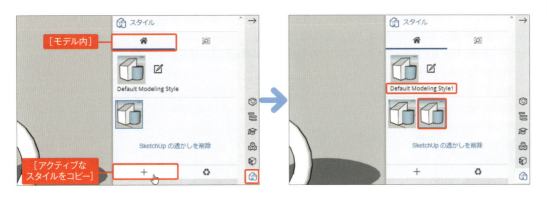

PRO版では [スタイル] ダイアログでスタイルを保存する

SketchUp Proで画面の表示設定を保存するには、[デフォルトのトレイ] ― [スタイル] ダイアログで [新しいスタイルを作成] ボタンをクリックする。SketchUp Freeと同様、現在の画面の表示設定が新しいスタイル「Default Modeling Style1」として追加される。

section 3-4 モデルを印刷する／画像として書き出す

SketchUp Freeでは直接プリンタへの出力が行えないため、モデルをPDFファイルに書き出してPDFファイルから印刷を行う。また、書き出せる画像形式は、PNGファイルと3Dデータ形式のSTLファイルの2種類。PNGファイルへのエクスポートでは画像のピクセル数の指定ができる。より精細な画像を印刷したいときは、ピクセル数を増やし、大きなサイズのPNGファイルとして書き出してから印刷することをおすすめする。

所要時間 10分

本節で使用する作例ファイルは、教材データの「chapter3」フォルダに収録されています。

step 3-4-1 印刷する

ここから始める　マグカップ.skp

1. ［現在のモデルのファイル操作］ボタン―［Print］を選択する。

2. ［印刷プレビュー］が表示されるので、モデルの表示や用紙サイズを確認して［Print to PDF］ボタンをクリックする。

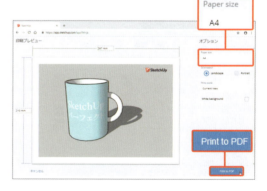

HINT モデルの表示変更
プレビュー画面上では、マウス操作でオービットや拡大／縮小など、モデルの表示を変更できる。

3. 図のようなメッセージが表示されるので［続行］ボタンをクリックすると、PDFファイルへの書き出しが開始される。

4 書き出したPDFファイル（ここでは「マグカップ.pdf」）がWebブラウザの下部に表示されるので、[∧]をクリックして表示されるメニューから操作を選択して、デスクトップなど任意の場所に保存（ダウンロード）する。

5 保存したPDFファイルを「Acrobat Reader DC」などで開くと、閲覧や印刷ができる。

HINT SketchUpのロゴ

PDFファイルの右上に表示されるSketchUpのロゴは、SketchUp Freeの使用制限のため消去することはできない。

PRO版では 直接プリンタへの出力ができる

SketchUp Proでは、直接プリンタへの出力が行えるので、PDFファイルに書き出す手間を省くことができる。印刷は、[ファイル]メニュー―[印刷]を選択して表示される[印刷プレビュー]ダイアログ（図）で行う。ダイアログでは、[印刷品質]などより詳細な設定ができる。

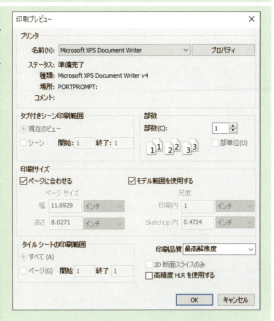

step 3-4-2 画像として書き出す

ここから始める
マグカップ.skp

1 ［現在のモデルのファイル操作］ボタン —［エクスポート］—［PNG］を選択する。

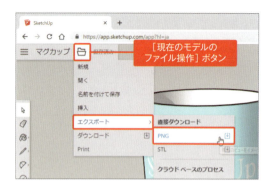

2 ［イメージをエクスポート］が表示されるので、モデルの表示や画像の大きさを確認する。ここでは、画像の大きさを横3000×縦2000pxに設定する。設定を行ったら［PNGでエクスポート］ボタンをクリックする。

> **HINT　書き出し時間に注意**
> 画像のピクセル数を増やすほど、書き出しの際に時間がかかるので注意が必要だ。

3 図のようなメッセージが表示されるので［続行］ボタンをクリックすると、PNGファイルへの書き出しが開始される。

4 書き出したPNGファイル（ここでは「マグカップ.png」）がWebブラウザの下部に表示されるので、［∧］をクリックして表示されるメニューから操作を選択して、デスクトップなど任意の場所に保存（ダウンロード）する。

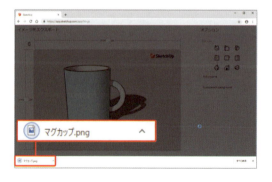

5 | PNGファイルを「フォト」などで開いて確認する。ここでは、ピクセル数を増やし大きなサイズに設定したので、線が精細に表現されている。

PRO版では BMPやJPEGファイルなどに書き出せる

SketchUp Proでの画像ファイルへの書き出しは、[ファイル]メニュー―[エクスポート]―[2Dグラフィック]を選択し、表示される[2Dグラフィックをエクスポート]ダイアログで行う。

エクスポート時の画像の大きさは、[ファイルの種類]で書き出すファイル形式を指定したあとに、[オプション]ボタンをクリックして表示される[エクスポート オプション]ダイアログ（図）で設定できる。SketchUp Proで書き出せるファイルの種類は、「*.pdf」「*.eps」「*.bmp」「*.jpg」「*.tif」「*.png」「*.dwg」「*.dxf」である。

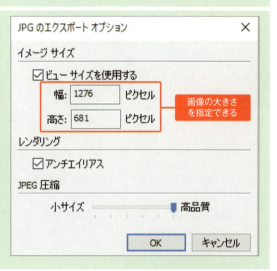

画像の大きさを指定できる

3D Warehouseにモデルを公開する

column

「3D Warehouse」は、SketchUpで作成したさまざまなSKPファイルが公開されているWebサイトで、自由にダウンロードして利用できる（P.180～181参照）。「3D Warehouse」に公開されているファイルは、SketchUp Freeの[コンポーネント]パネルからも検索してダウンロードできる。ここでは、作成したSKPファイルを「3D Warehouse」上に公開する方法について解説する。

1 公開するモデルを作成したら、[モデル／環境設定を開く]ボタンをクリックする。

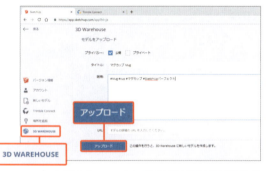

2 左側のメニューから[3D WARE HOUSE]をクリックする。[モデルをアップロード]が表示されるので、[プライバシー]の設定や[タイトル]の入力を行う。[説明]欄に「#」を付けてキーワードを記述しておくと、「3D Warehouse」サイトで検索されるようになる。[アップロード]ボタンをクリックする。

3 アップロードが終了すると図のようなメッセージが表示されるので、[完了]ボタンをクリックする。

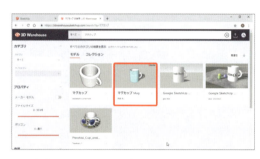

4 「3D Warehouse」のWebサイト（https://3dwarehouse.sketchup.com/）を開いて、検索窓にキーワード（ここでは、「マグカップ」）を入力して検索してみると、アップロードされていることが確認できる。

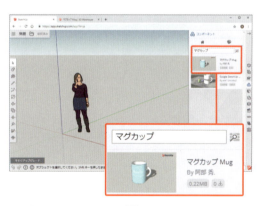

5 SketchUp Freeの[コンポーネント]パネルで検索しても、アップロードされていることが確認できる。

戸建て住宅の作成

practice2

- section4-1 平面図の作成と立体化
- section4-2 外部建具の作成と配置
- section4-3 外装／内装の作成と仕上げ
- section4-4 スタイルの設定／アニメーションの作成

chapter

本章では、2階建ての戸建て住宅を作成する。
まず1階、2階部分と屋根を作成し、
次にそれらを組み合わせる。
最後に建具や内外装を仕上げれば完成だ。
また、シーン機能を使用したアニメーションの作成も行う。
これで、モデリングと
簡単なプレゼンテーションが可能となる。

chapter 4で作成するモデル

本章で使用するすべての作例ファイルは、教材データの「chapter4」フォルダに収録されています。

最終完成画像 最終完成ファイル
4_kansei.skp／住宅モデル_PSOスノー.png／住宅モデル.avi

4-1 平面図の作成と立体化

戸建て住宅のモデルを作成するにあたり、ここでは、各階に分けてそれぞれの間取りを作成し、立体化する。立体化した各階を組み合わせることで、戸建て住宅の基本モデルが完成する。ポイントは、線や面が干渉しないようにグループにすることと、表示／非表示、コピー／貼り付けをうまく使うことだ。各階を組み合わせるときにコピーを用い、基のモデルは編集用に残しておくことも、効率よくモデリングを行うための秘訣だ。

 所要時間 **60**分

 本節で使用する作例ファイルは、教材データの「chapter4」フォルダに収録されています。

完成画像　4-1 ● 平面図の作成と立体化　完成ファイル 4_1_kansei.skp

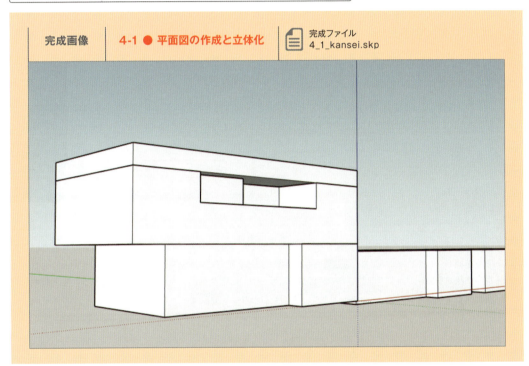

step 4-1-1 ガイドを作成する

1 1-2-12（P.031）を参考にして、あらかじめ「マイテンプレート.skp」を作成しておく。［現在のモデルのファイル操作］ボタン―［開く］を選択する。表示される［Trimble Connect］―［プロジェクト］―［SketchUp］フォルダで「マイテンプレート.skp」を選択して［開く］ボタンをクリックする。

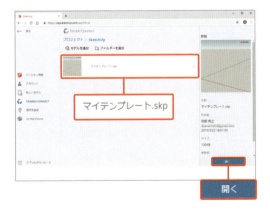

2 ファイルが開くが、このまま作業すると「マイテンプレート.skp」自体の内容を更新してしまうので、別ファイルとして保存する。
［現在のモデルのファイル操作］ボタン ─［名前を付けて保存］を選択する。

3 表示される［Trimble Connect］─［プロジェクト］─［SketchUp］フォルダで、［名前］にファイル名（ここでは、「4-1」）を入力して［ここに保存］ボタンをクリックする。

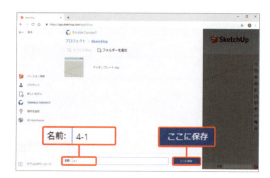

4 ［メジャー］ツールを選択し、緑軸をクリックする。このとき、カーソルに「+」マークが表示されていることを確認し、付いていないときは Ctrl キーを押す。赤軸と平行に右へカーソルを移動するとクリックした緑軸上の任意の位置からカーソルまでの軌跡が赤色の線で表示され、距離が測定ツールバーに表示される。描画領域や測定ツールバーをクリックせずに、キーボードから「910」と入力して Enter キーを押す。緑軸と平行なガイドが緑軸から910㎜離れた位置に作成される。

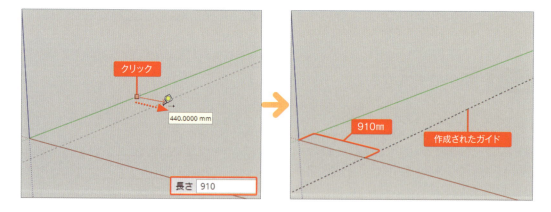

5 手順 4 と同様にして、赤軸から910mm離れた位置に平行なガイドを作成する。赤軸をクリックし、緑軸と平行に右上へカーソルを移動する。クリックせずに、キーボードから「910」と入力して Enter キーを押すとガイドが作成される。

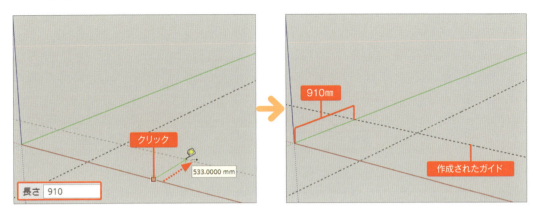

6 緑軸に平行なガイドをコピーする。[移動]ツールを選択し、Ctrl キーを押してコピーモードにする。緑軸に平行なガイドの任意の位置をクリックし、赤軸と平行に右へカーソルを移動すると、クリックした位置からカーソルまでの軌跡が赤い点線で表示される。キーボードから「910」と入力して Enter キーを押すと、緑軸と平行なガイドが基のガイドラインから910mm離れた位置にコピーされる。

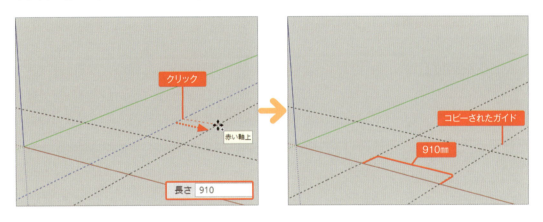

7 そのままの状態で、続けてキーボードから「20x」と入力して Enter キーを押す。緑軸に平行なガイドが910mmの間隔で20本コピーされる。

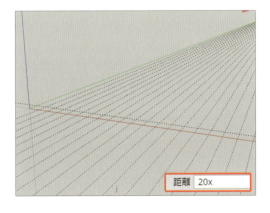

8 手順 6 〜 7 と同様にして、赤軸に平行なガイドを20本作成する。これで、平面図作成に必要なガイドが作成できた。

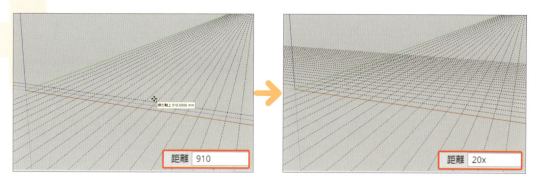

step 4-1-2　1階部分を作成する

ここから始める
4_1_2.skp

1 1階平面図を作成しやすいように、平面図表示に変更する。[ビュー]パネルを表示し、[遠近法] — [トップビュー]を選択する。[ズーム]ツールで図のように原点が見える表示にする。

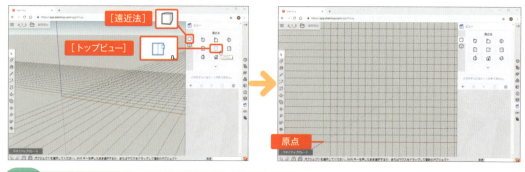

PRO版では　平面図表示にする

SketchUp Proで平面図表示にするには、[カメラ]メニュー — [標準ビュー] — [平面]を選択する。

2 間取りを入力する。[長方形]ツールを選択し、原点から右に2つ、上に2つの 交点 と表示される点をクリックする。カーソルをガイドのマス目で右に3つ、上に3つ分移動し、交点 と表示される点をクリックする。正方形の面が作成される。

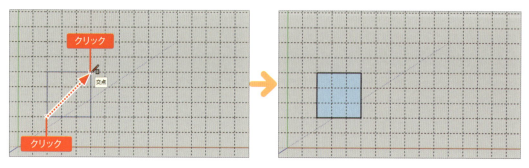

3 | 手順2と同様にして[長方形]ツールで長方形を作成し、図のような間取りを作成する。図ではわかりやすいように線を赤色で示している。

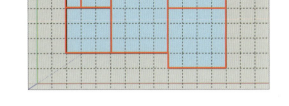

4 | 作成した間取りをグループにする。[選択]ツールでガイドや線がない面だけの任意の位置をトリプルクリックする。クリックした面とつながっている面と線が選択される。

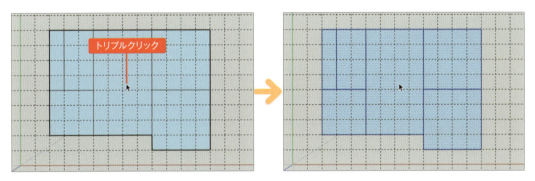

5 | 面と線が選択状態のまま、ガイドや線のない面だけの任意の位置を右クリックする。表示されるコンテキストメニューから［グループを作成］を選択する。選択状態のエンティティがグループになり、青い太線の外枠で囲まれる。

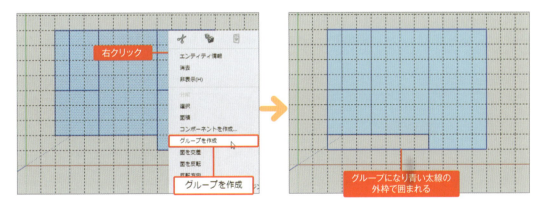

6 外壁線を書く。 [線]ツールを選択し、部屋割りの外周の 端点 （●の位置）を順番にクリックし、終点として最初にクリックした始点を再度クリックする。グループを示す太線に重なって見えにくいが、外周線で囲まれた面が作成される。

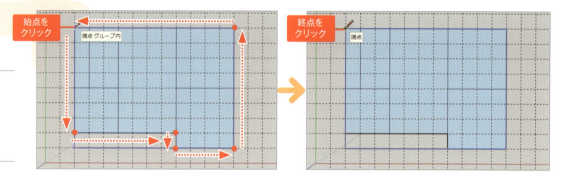

7 [選択]ツールで間取りのグループを右クリックする。表示されるコンテキストメニューから[非表示]を選択する。グループが非表示になり、手順 6 で作成した外周線で囲まれた面だけが表示される。

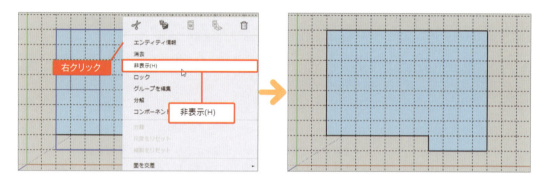

8 [オフセット]ツールを選択し、面をクリックする。カーソルを面の外側に移動し、キーボードから壁厚の半分の寸法の「60」を入力して Enter キーを押す。外周線が面の外側60mmの位置にオフセットされる。これが外壁線となる。

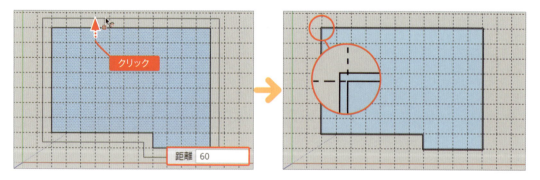

9 [選択]ツールで面（ガイドや線のない位置）をダブルクリックする。内側の面と線だけが選択されるので Delete キーを押し、選択しているエンティティを削除する。これで、オフセットした外側の線と面だけが残る。

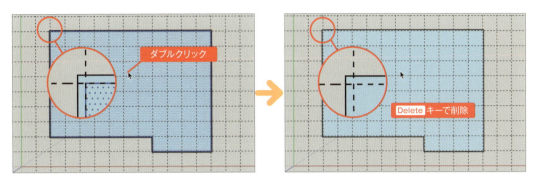

10 土台を作成しやすいように、[オービット]ツールで図のような高さが確認できる表示に変更する。

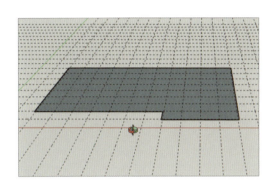

11 [プッシュ／プル]ツールを選択する。面をクリックし、面を押し下げるようにカーソルを下に移動する。キーボードから土台の高さ「400」を入力して Enter キーを押す。これで土台が完成した。

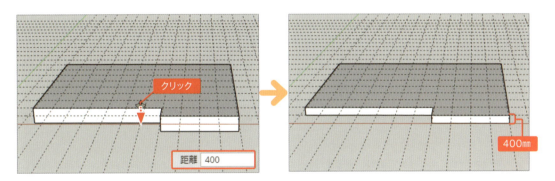

12 手順 7 で非表示にした間取りのグループを再表示する。手順 1 と同様にして、[ビュー]パネルで[トップビュー](平面図表示)にする。[表示]パネルを表示して[すべて]を選択すると、間取りのグループが再表示される。

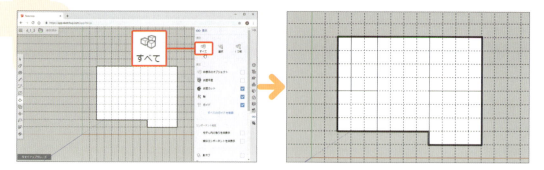

PRO版では　非表示にした図形を再表示する

SketchUp Proで非表示にした図形を再表示にするには、[編集]メニュー ―[表示]―[すべて]を選択する。

13 部屋の内側の壁を作成する。[選択]ツールで間取りのグループをダブルクリックする。グループ編集モードになり、グループ以外の図形が薄く表示される。

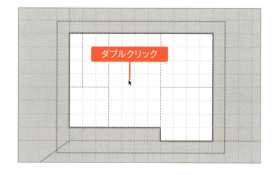

14 [オフセット]ツールを選択し、部屋割りをした部屋の面をクリックする。カーソルを外周より内側へ移動し、キーボードから壁厚の半分の寸法「60」を入力して Enter キーを押す。部屋の内側に60mmオフセットした線が作成される。

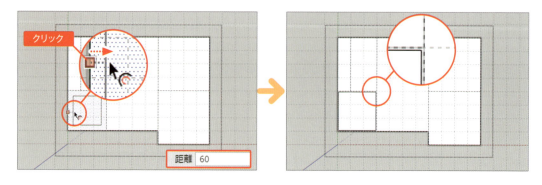

15 手順14と同様にして、すべての部屋の内側に60mmオフセットした線を作成する。

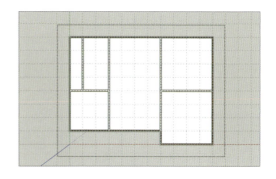

16 [選択]ツールで Ctrl キーを押しながらすべての部屋の内側の面、ガイドや線のない位置（●の位置）をクリックして選択する。

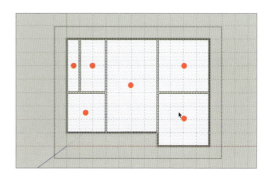

17 内側の面が選択状態のまま、右クリックして表示されるコンテキストメニューから［コピー］を選択し、部屋の内側の面をコピーする。[選択]ツールのまま、グループの外をクリックして、選択とグループ編集モードを解除する。

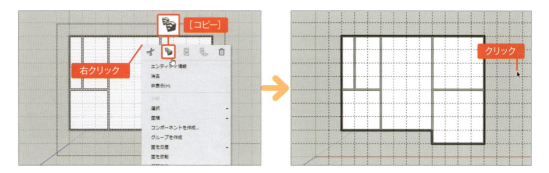

PRO版では 図形をコピーする

SketchUp Proで選択した図形をコピーするには、［編集］メニュー ―［コピー］を選択する。

18 [選択]ツールのまま、間取りのグループをクリックし、Delete キーを押して間取りのグループを削除する。

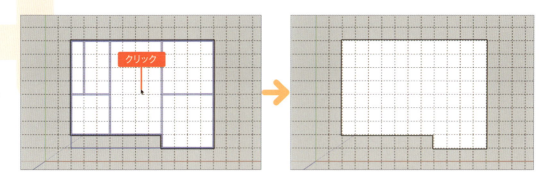

19 右クリックして表示されるコンテキストメニューから［所定の位置に貼り付け］を選択する。手順 17 でコピーした図形が基の位置に貼り付けられる。これで手順 3 で作成した間取りの線が削除され、厚みの付いた壁だけが残る。

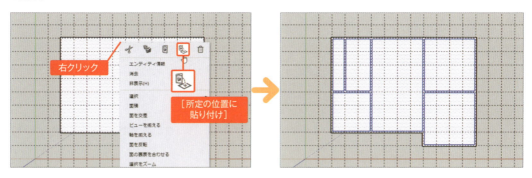

PRO版では コピーした図形を基の位置に貼り付ける

SketchUp Proでコピーした図形を基の位置に貼り付けるには、［編集］メニュー ─［所定の位置に貼り付け］を選択する。

20 [選択]ツールのまま、図形のない任意の位置をクリックして選択を解除する。以降の手順で壁に高さを設定するため、[オービット]ツールで右図のような高さがわかりやすい表示に変更する。

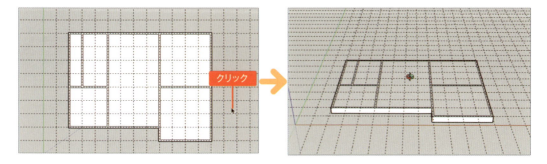

21 [プッシュ/プル]ツールを選択し、壁の面をクリックする。カーソルを上へ移動し、キーボードから1階の天井高「2400」を入力して Enter キーを押す。壁が立ち上がる。

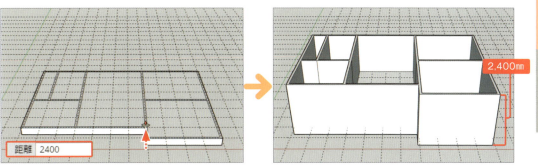

22 [選択]ツールで壁の側面をトリプルクリックしてすべてを選択する。任意の面上で右クリックし、表示されるコンテキストメニューから[コンポーネントを作成]を選択する。

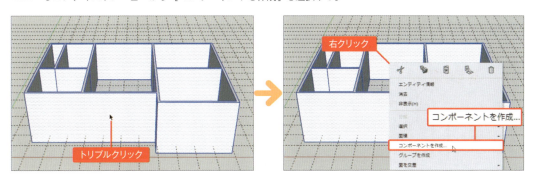

23 表示される[コンポーネントを作成]ダイアログで、[定義]にコンポーネントの名前（ここでは「1階」）を入力する。[作成]ボタンをクリックすると、コンポーネントが作成される。これで、戸建て住宅の1階部分が完成した。図形のない任意の位置をクリックして選択を解除する。

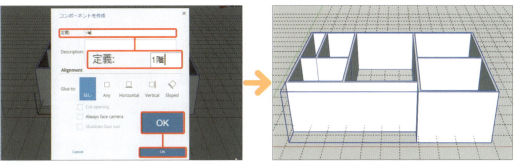

PRO版では [コンポーネントを作成]ダイアログでの注意点

SketchUp Proでは、[コンポーネントを作成]ダイアログで[選択内容をコンポーネントに置換する]にチェックが入っていることも確認しておく。

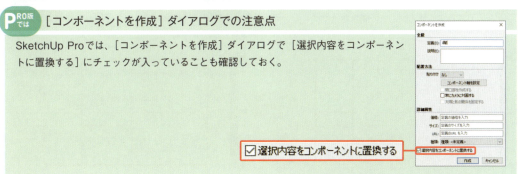

step 4-1-3　2階部分を作成する

ここから始める
4_1_3.skp

1 4-1-2の手順1（P.122）と同様にして、[ビュー]パネルを表示し、[遠近法]－[トップビュー]（SketchUp Proでは、[カメラ]メニュー－[標準ビュー]－[平面]）を選択し、平面図表示にする。[ズーム]ツールと[パン表示]ツールで図のような表示にする。

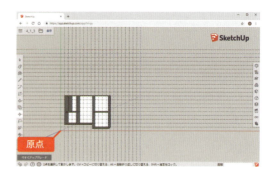

2 1階を作成する際に使用したガイドをコピーする。[移動]ツールを選択し、Ctrlキーを押してコピーモードにする。緑軸に平行な一番右のガイドをクリックし、赤軸と平行に右へカーソルを移動する（クリックしない）。キーボードから「910」と入力してEnterキーを押す。

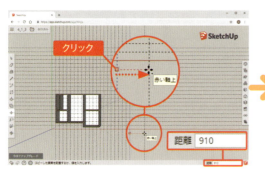 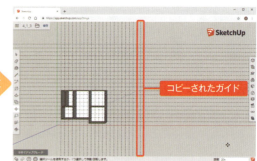

3 そのままの状態で、続けてキーボードから「20x」と入力してEnterキーを押す。緑軸に平行なガイドが910mmの間隔で20本コピーされる。

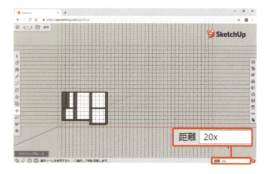

4 [長方形]ツールを選択し、1階のコンポーネントの右側の描画領域に、図のように2階の間取りを作成する。図ではわかりやすいように線を赤色で示している。多角形の部屋は、[線]ツールを使用して作成する。

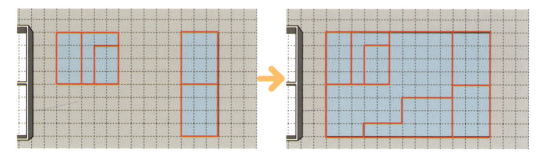

5 　[選択]ツールで間取りの面をトリプルクリックしてすべて選択する。選択された面の任意の位置で右クリックし、表示されるコンテキストメニューから[グループを作成]を選択する。選択状態のエンティティがグループになり、青い太線の外枠で囲まれる。

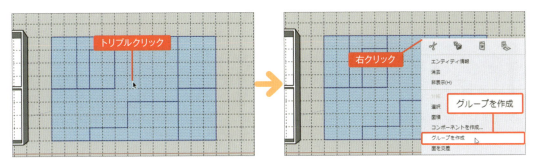

6 　外壁線を書く。[線]ツールを選択し、部屋割りの外周の 端点 （●の位置）を順番にクリックして外周線を作成する。

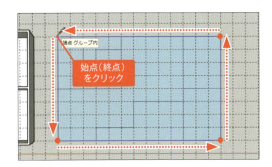

7 　[選択]ツールで間取りのグループを右クリックする。表示されるコンテキストメニューから[非表示]を選択する。グループが非表示になり、手順 6 で作成した外周線で囲まれた面だけが表示される。

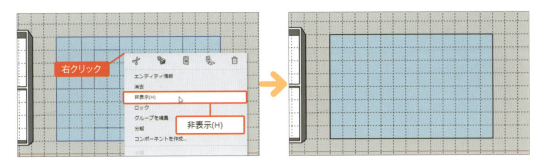

8 　[オフセット]ツールを選択し、面をクリックする。カーソルを面の外側に移動し、キーボードから壁厚の半分の寸法の「60」を入力して Enter キーを押す。外周線が面の外側60mmの位置にオフセットされる。これが外壁線となる。

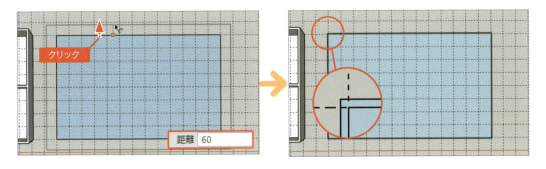

9 [選択]ツールで面（ガイドや線のない位置）をダブルクリックする。内側の面と線だけが選択されるので Delete キーを押し、選択しているエンティティを削除する。これで、オフセットした外側の線と面だけが残る。

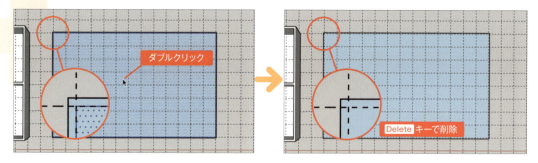

10 2階の床の厚みと1階の天井懐部分を作成する。[オービット]ツールで図のような高さが確認できる表示に変更する。

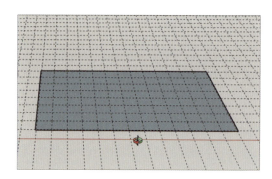

11 [プッシュ／プル]ツールを選択する。面をクリックし、面を押し下げるようにカーソルを下に移動する。キーボードから土台の高さ「400」を入力して Enter キーを押す。

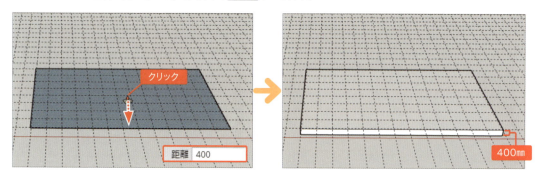

12 屋根部分の作成に備えるため、手順11で作成した図形を2階の基本モデルの右側にコピーする。[選択]ツールで面をトリプルクリックして図形全体を選択する。

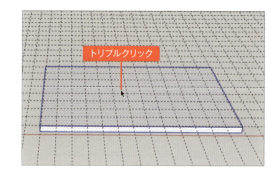

13 [移動]ツールを選択し、Ctrlキーを押してコピーモードにする。1階部分と2階部分との真ん中にあるガイドの交点にカーソルを合わせ、交点と表示される点でクリックする。カーソルを赤軸に沿って右に移動する。2階部分の右側にあるガイドの交点まで移動し、交点と表示される点でクリックする。

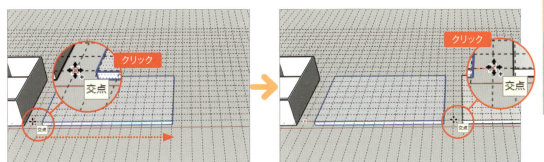

14 図のように屋根部分の基本モデルがコピーされる。2階の部屋内側の壁を作成するため、[ビュー]パネル―[遠近法]―[トップビュー]（SketchUp Proでは、[カメラ]メニュー―[標準ビュー]―[平面]）を選択し、平面図表示にする。

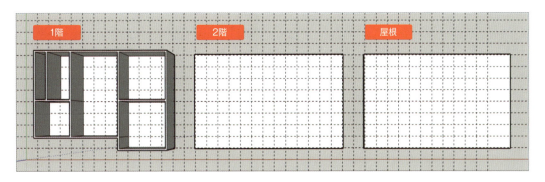

15 [表示]パネル―[すべて]（SketchUp Proでは、[編集]メニュー―[表示]―[すべて]）を選択して、手順7で非表示にした間取りのグループを再表示する。
[選択]ツールで2階の間取りのグループをダブルクリックする。グループ編集モードになり、グループ以外の図形が薄く表示される。この状態で、各部屋の仕切壁を作成する。

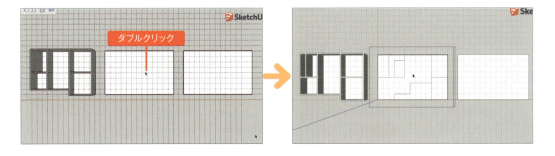

16 🔍[ズーム]ツールで2階の間取りを拡大する。⬚[オフセット]ツールを選択し、間取りの面をクリックする。カーソルを外周より内側へ移動し、キーボードから壁厚の半分の寸法「60」を入力して Enter キーを押す。部屋の内側に60mmオフセットした線が作成される。

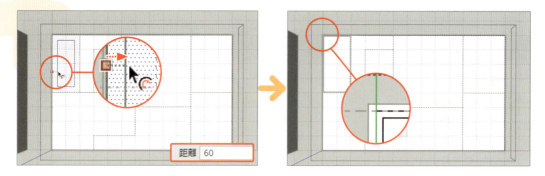

17 手順16と同様にして、すべての部屋の内側に60mmオフセットした線を作成する。

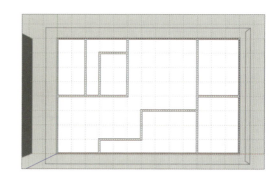

18 ▶[選択]ツールで Ctrl キーを押しながらすべての部屋の内側の面、ガイドや線のない位置（●の位置）をクリックして選択する。選択状態のまま、右クリックして表示されるコンテキストメニューから［コピー］（SketchUp Proでは、［編集］メニュー—［コピー］）を選択し、部屋の内側の面をコピーする。
▶[選択]ツールのまま、グループの外をクリックして、選択とグループ編集モードを解除する。

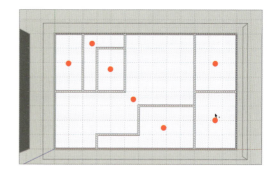

19 ▶[選択]ツールのまま、部屋グループをクリックし、Delete キーを押して部屋グループを削除する。

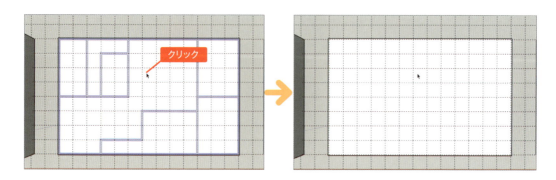

20 図形のない任意の位置を右クリックして表示されるコンテキストメニューから［所定の位置に貼り付け］（SketchUp Proでは、［編集］メニュー――［所定の位置に貼り付け］）を選択する。手順 19 でコピーした図形が基の位置に貼り付けられる。
▶［選択］ツールのまま図形のない任意の位置をクリックして選択を解除する。これで手順 4 でで作成した間取りの線が削除され、厚みの付いた壁だけが残る。

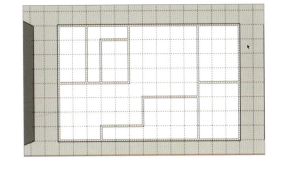

21 壁に高さを設定するため、［オービット］ツールで高さがわかりやすい表示に変更する。［プッシュ／プル］ツールを選択し、壁の面をクリックする。カーソルを上へ移動し、キーボードから2階の天井高「2400」を入力して Enter キーを押す。壁が立ち上がる。

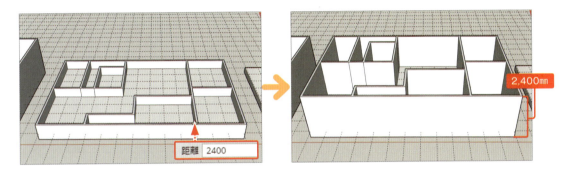

22 バルコニーの手すり壁を作成するため、手すりと壁の境界線を書く。作業しやすいよう、［オービット］ツールと［ズーム］ツールで右図のように手すりと壁の境界部分を拡大する。

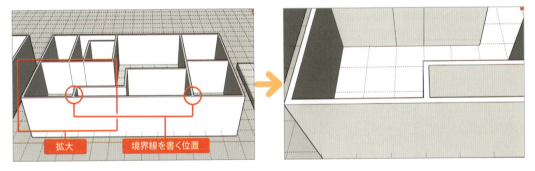

23 ［線］ツールを選択し、左図の 端点 と表示される位置をクリックする。カーソルを緑軸と平行に下へ移動する。カーソルの軌跡が緑色の線で表示されていることを確認しながら、エッジ上 と表示される位置でクリックする。

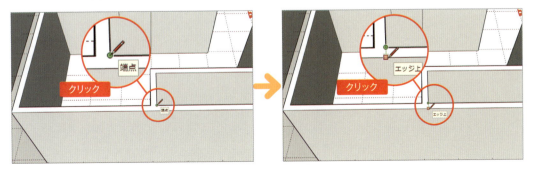

24 [パン表示]ツールで画面を水平右方向に移動し、右側の手すりと壁との境界線が見える表示にする。手順 23 と同様にして、反対側の手すりと壁の境界線を作成する。

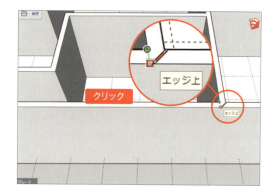

25 [プッシュ/プル]ツールを選択し、手すり壁の上面をクリックする。カーソルを下へ移動し、キーボードから手すり壁を下げる距離「1200」を入力して Enter キーを押す。手すり壁の部分が1,200mm下がる。

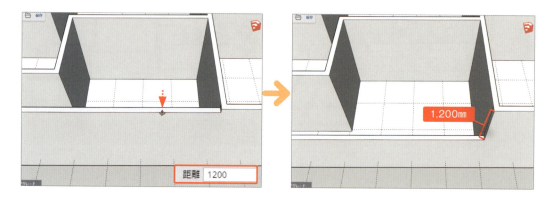

26 [選択]ツールで左側の壁と手すり壁の境界面にできた不要な線をクリックして選択し、 Delete キーを押して削除する。右側の線も同様にして削除する。

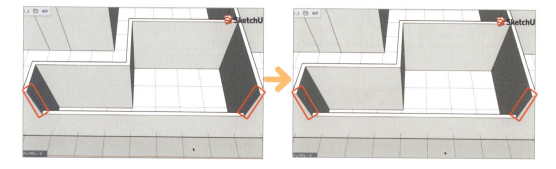

27 [選択]ツールで2階の任意の面をトリプルクリックし、2階全体を選択する。選択したモデル上で右クリックし、表示されるコンテキストメニューから[コンポーネントを作成]を選択する。表示される[コンポーネントを作成]ダイアログで[定義]にコンポーネントの名前（ここでは「2階」）を入力する。SketchUp Proでは、[コンポーネントを作成]ダイアログで[選択内容をコンポーネントに置換する]にチェックが入っていることも確認しておく。[OK]ボタンをクリックすると、コンポーネントが作成される。図形のない任意の位置をクリックして、選択を解除する。これで、戸建て住宅の2階部分が完成した。

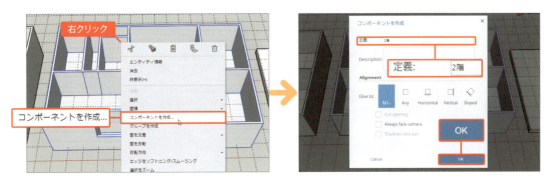

step 4-1-4 屋根を作成する

ここから始める
4_1_4.skp

1 [ズーム]ツールと[パン表示]ツールで2階コンポーネントの右側にある、4-1-3（P.130～）で作成した屋根の基本モデルを表示する。

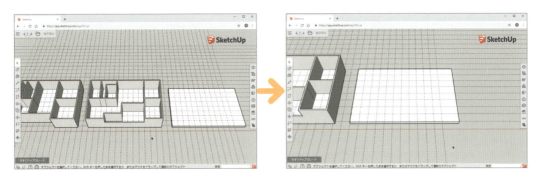

2 [プッシュ／プル]ツールを選択し、屋根の上面をクリックする。カーソルを上に移動し、キーボードから追加する「400」を入力してEnterキーを押す。屋根の厚みが400mm増加して、800mmになる。

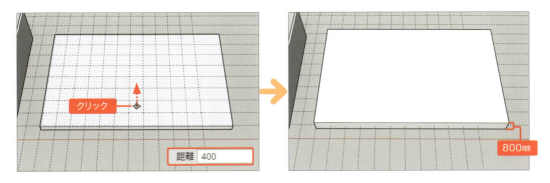

3 パラペット部分を作成する。[オフセット]ツールを選択し、屋根面をクリックする。カーソルを外周より内側へ移動し、キーボードからパラペットの厚み「200」を入力して Enter キーを押す。パラペットの平面が作成される。

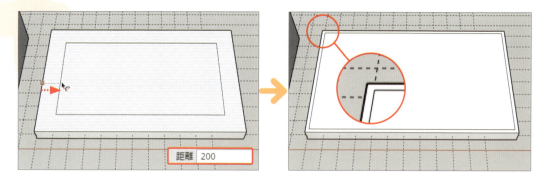

4 [プッシュ／プル]ツールを選択し、内側の屋根面をクリックする。カーソルを下に移動し、キーボードから「350」を入力して Enter キーを押す。パラペットが作成される。

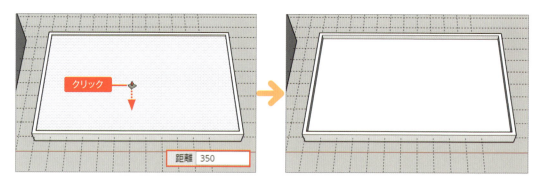

5 [選択]ツールで屋根の任意の面をトリプルクリックし、屋根全体を選択する。選択したモデルを右クリックし、表示されるコンテキストメニューから[コンポーネントを作成]を選択する。表示される[コンポーネントを作成]ダイアログで[定義]にコンポーネントの名前（ここでは「屋根」）を入力する。SketchUp Proでは、[コンポーネントを作成]ダイアログで[選択内容をコンポーネントに置換する]にチェックが入っていることも確認しておく。[OK]ボタンをクリックすると、コンポーネントが作成される。図形のない任意の位置をクリックして、選択を解除する。これで、屋根部分が完成した。

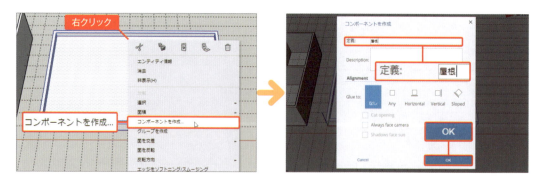

step 4-1-5 1階、2階と屋根とを組み合わせる

ここから始める
4_1_5.skp

1 [ビュー]パネル —[遠近法]—[トップビュー](SketchUp Proでは、[カメラ]メニュー —[標準ビュー]—[平面])を選択し、平面図表示にする。[ズーム]ツールで図のように1階、2階、屋根のモデル全体が見える表示にする。[表示]パネル —[ガイド](SketchUp Proでは、[表示]メニュー —[ガイド])のチェックを外して、ガイドを非表示にする。

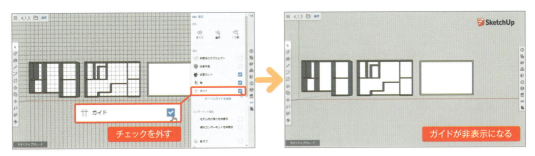

2 [オービット]ツールなどで1階コンポーネントの編集がしやすい表示に変更する。[選択]ツールで1階のコンポーネントをクリックして選択する。

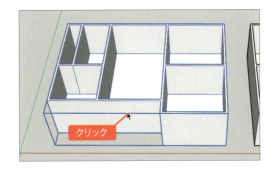

3 [移動]ツールを選択し、Ctrl キーを押してコピーモードにする。1階コンポーネント右下手前の 端点 in 1階 と表示される位置をクリックする。カーソルを左へ移動し、原点 と表示される位置でクリックする。

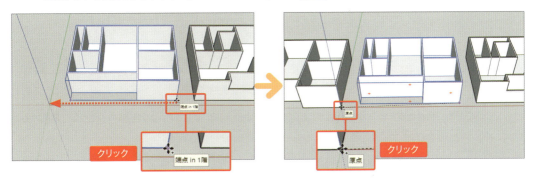

4 2階のコンポーネントをコピーして、手順 3 でコピーした1階コンポーネントの上に重ねる。[選択]ツールで2階のコンポーネントをクリックして選択する。

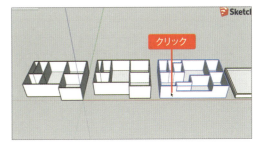

5 [移動]ツールを選択し、Ctrl キーを押してコピーモードにする。2階コンポーネント右下手前の 端点 in 2階 と表示される位置をクリックする。カーソルを左へ移動し、端点 in 1階 と表示される位置でクリックする。

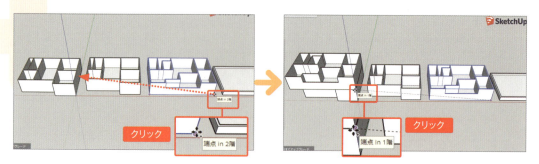

6 屋根のコンポーネントをコピーして、手順 5 でコピーした2階コンポーネントの上に重ねる。[選択]ツールで屋根のコンポーネントをクリックして選択する。

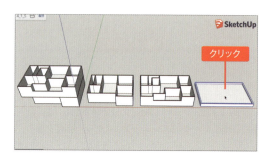

7 [移動]ツールを選択し、Ctrl キーを押してコピーモードにする。屋根コンポーネント右下手前の 端点 in 屋根 と表示される位置をクリックする。カーソルを左へ移動し、端点 in 2階 と表示される位置でクリックする。

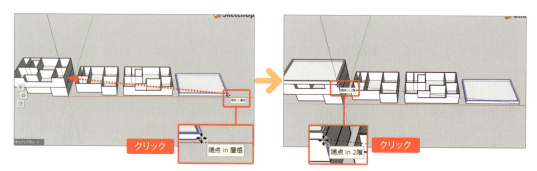

8 これで1階、2階と屋根が組み合わされ、戸建て住宅の基本モデルが完成した。コピー基の1階、2階、屋根の各コンポーネントは、以降の作業で編集しやすいようにそのまま残しておく。

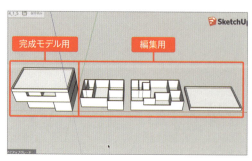 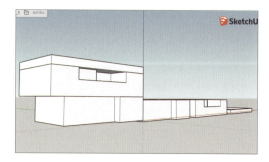

section 4-2 外部建具の作成と配置

本節では、住宅の外部の窓と扉といった建具を作成し、前節で作成した住宅の基本モデルに配置する手順を解説する。開口部の作成とそれに合わせた建具作成、建具や部品のコンポーネント化がポイントとなる。ここで作成する以外の建具は、教材データに収録されているので、**P.159**の**HINT**を参考に使ってほしい。

所要時間 **60**分

本節で使用する作例ファイルは、教材データの「chapter4」フォルダに収録されています。

完成画像 | 4-2 ● 外部建具の作成と配置 | 完成ファイル 4_2_kansei.skp

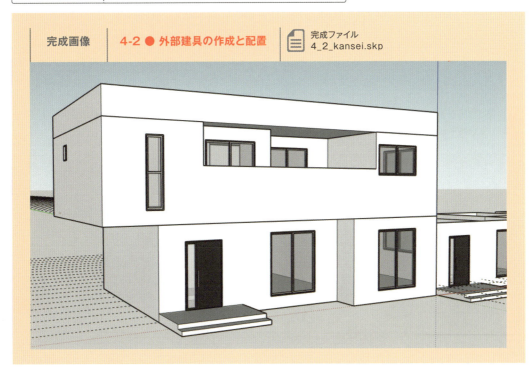

step 4-2-1 外部建具を作成する

ここから始める
4_2_1.skp

1 冊子の外形となる長方形を作成する。[オービット]ツールや[パン表示]ツール、[ズーム]ツールで図形のない任意の位置を表示する。
[長方形]ツールを選択し、任意の位置をクリックする。カーソルを右上へ移動し、キーボードから「1700,2000」と入力して Enter キーを押す。

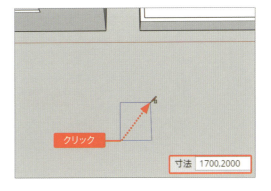

2 [ズーム]ツールで作成した長方形を拡大表示する。[オフセット]ツールを選択し、面をクリックする。カーソルを内側に移動し、キーボードからサッシ外枠の幅「25」を入力してEnterキーを押す。

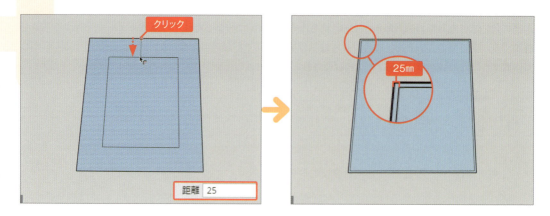

3 [プッシュ／プル]ツールを選択し、サッシ外枠の上面をクリックしてカーソルを上へ移動する。クリックせずに、キーボードからサッシ外枠の厚み「120」を入力してEnterキーを押す。

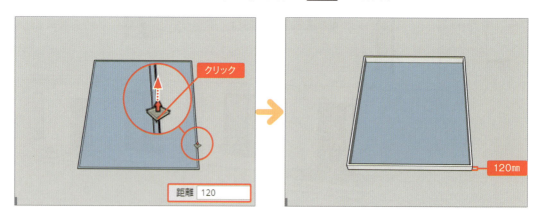

4 [選択]ツールで内側の面をクリックして選択し、Deleteキーを押す。内側の面が削除される。これで、サッシ外枠が完成した。

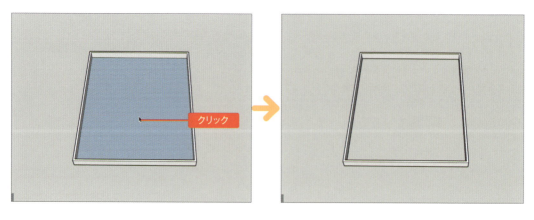

5 | [選択]ツールでサッシ外枠の外側の面をトリプルクリックしてすべてを選択する。面を右クリックし、表示されるコンテキストメニューから［グループを作成］を選択して、サッシ外枠をグループ化する。

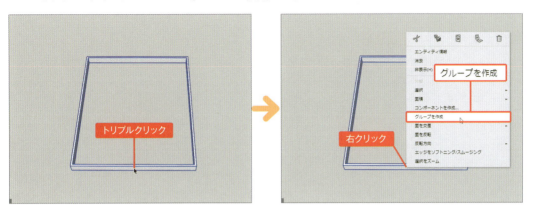

6 | [長方形]ツールを選択し、サッシ外枠の左下角の上面内側の 端点 グループ内 と表示される位置をクリックする。カーソルを右上に移動し、サッシ外枠の上枠上面の 中点 グループ内 と表示される位置をクリックする。サッシ外枠の内側上面に、半分の幅の窓ガラス面が作成される。

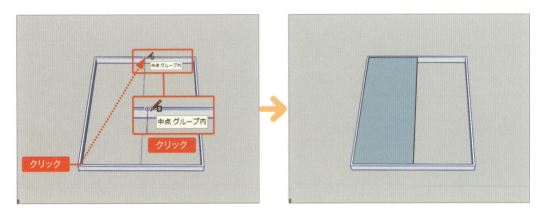

7 | [選択]ツールで窓ガラス面の右辺をクリックして選択する。[移動]ツールを選択し、窓ガラス面内側の任意の位置でクリックしてカーソルを赤軸に沿って右へ移動する。クリックせずに、キーボードからサッシ外枠の厚み40mmの半分の寸法「20」を入力して Enter キーを押す。窓ガラス面の幅が20mm広がる。

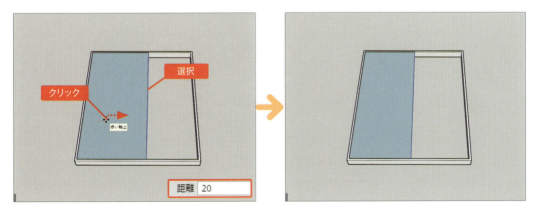

8 　[オフセット]ツールを選択し、窓ガラス面をクリックする。カーソルを内側に移動し、キーボードから窓枠の幅「40」を入力して Enter キーを押す。

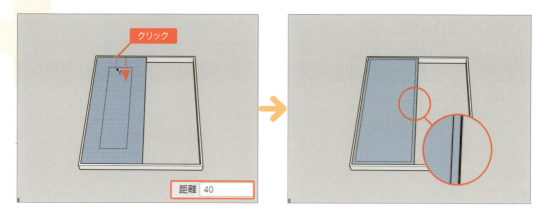

9 　[オービット]ツールで図のような窓全体の高さがわかりやすい表示にする。[プッシュ／プル]ツールを選択し、窓枠の面をクリックしてカーソルを下へ移動する。クリックせずに、キーボードから窓枠の厚み「40」を入力して Enter キーを押す。

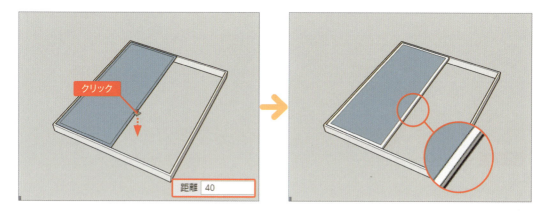

10 　[プッシュ／プル]ツールを選択し、窓ガラス面をクリックしてカーソルを下へ移動する。クリックせずに、キーボードから窓ガラスの厚み「20」を入力して Enter キーを押す。

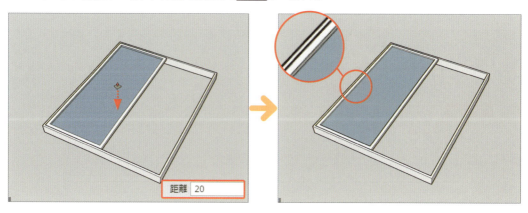

11　[選択]ツールで窓ガラス面をクリックして選択する。窓ガラス面を右クリックし、表示されるコンテキストメニューから[面を反転]を選択して、窓ガラス面を表面にする。

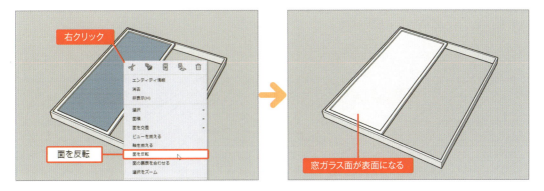

12　[選択]ツールで窓ガラス面をトリプルクリックして、窓ガラスと窓枠を選択する。選択された図形の任意の面を右クリックし、表示されるコンテキストメニューから[コンポーネントを作成]を選択する。表示される[コンポーネントを作成]ダイアログで、[定義]に寸法がわかりやすいような任意の名前（ここでは「W845H1950」）を入力する。[OK]ボタンをクリックすると、窓ガラスのコンポーネント「W845H1950」が完成する。

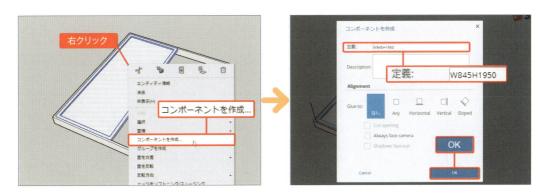

13　[ズーム]ツールで「W845H1950」コンポーネントの左上角部分を拡大し、図のような表示にする。[選択]ツールで窓コンポーネントをクリックして選択する。[移動]ツールを選択し、「W845H1950」コンポーネント左上角の上面外側の 端点 in W845H1950 と表示される位置をクリックして、カーソルをサッシ外枠内側の角に沿って下へ移動する（クリックしたあと、キーボードの↑キーを1度押すと、カーソルの移動が青軸に拘束されるので作業しやすい）。 中点 グループ内 と表示される位置をクリックする。

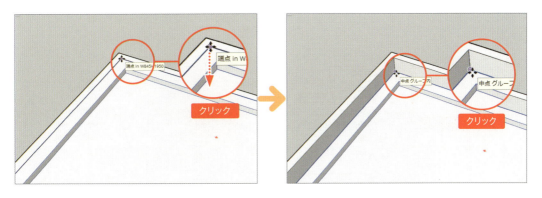

14 [オービット] ツールでサッシ外枠左側の内側が見える表示に変更する。[移動] ツールを選択し、Ctrl キーを押してコピーモードにする。「W845H1950」コンポーネント右上角の下面外側の 端点 in W845H1950 と表示される位置をクリックして、カーソルを垂直に上へ移動する。端点 in W845H1950 と表示される位置をクリックすると、窓ガラスが２枚重なった状態になる。

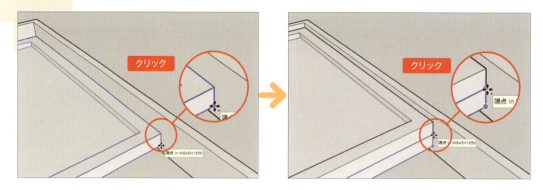

15 [オービット]ツールでサッシ外枠右側の内側が見える表示に変更する。[選択]ツールで２枚重なった「W845H1950」コンポーネントの上部分をクリックして選択する。コンポーネント右上角の 端点 in W845H1950 と表示される位置をクリックして、カーソルを赤軸と平行に右へ移動する（クリックしたあと、キーボードの →キーを１度押すと、カーソルの移動が赤軸に拘束されるので作業しやすい）。サッシ外枠の右上内側角の線上、エッジ上 グループ内 と表示される位置をクリックする。

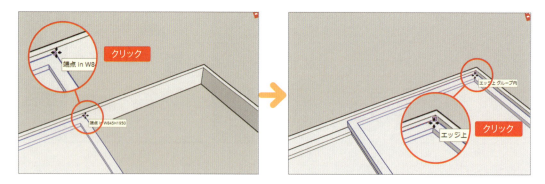

16 [オービット]ツールや[パン表示]ツールで手順 15 で右側に移動した「W845H1950」コンポーネントが見える表示に変更する。[選択]ツールで右側のコンポーネントをダブルクリックしてコンポーネント編集モードにする。[ペイント]ツールを選択して[マテリアル]パネルを表示し、[参照] ー [ガラスと鏡] ー [半透明_ガラス_グレー]のサムネイルをクリックして選択する。窓ガラス面をクリックすると、マテリアルが適用される。１つのコンポーネントにマテリアルを適用すると、同名のコンポーネント（ここでは「W845H1950」）すべてに適用される。

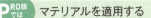 マテリアルを適用する

SketchUp Proで手順16のようにガラスのマテリアルを適用するには、[デフォルトのトレイ]を表示し、[マテリアル]トレイのプルダウンリストで[ガラスと鏡]を選択する。表示されるサムネイルから[半透明_ガラス_グレー]のサムネイルをクリックして選択し、モデルの面をクリックする。

[半透明_ガラス_グレー]

17 [マテリアル]パネルの[参照]―[色]―[色 M02]のサムネイル(SketchUp Proは、[マテリアル]トレイ―[色]―[色 M02])をクリックして選択する。Ctrlキーを押しながら窓枠の1つの面をクリックすると、クリックした面に接し、かつ同じマテリアルの面すべてに新たなマテリアルが適用される。[選択]ツールでコンポーネントの外をクリックしてコンポーネント編集モードを解除する。

18 サッシ外枠をダブルクリックして、グループ編集モードにする。手順17と同様にして[色 M02]のサムネイルをクリックして選択する。Ctrlキーを押しながらサッシ外枠の1つの面をクリックすると、クリックした面に接し、かつ同じマテリアルの面すべてに新たなマテリアルが適用される。[選択]ツールでグループの外をクリックしてグループ編集モードを解除する。

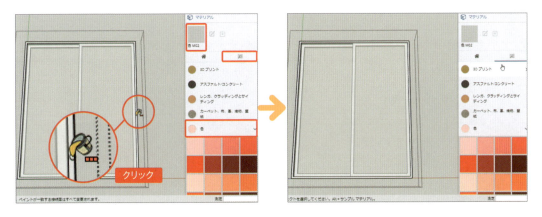

19 窓のモデル全体を回転するため、[オービット]ツールで図のように左側も見える表示に変更する。[選択]ツールで窓選択し、窓のモデル全体を選択する。

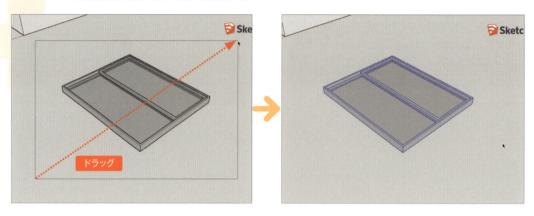

20 [回転]ツールを選択する。回転軸を指定するため、サッシ外枠の左下側下端の 端点 原点 グループ内 と表示される位置でマウスボタンを押し、そのまま赤軸方向にカーソルを移動（ドラッグ）し、 赤い軸上 と表示される位置でマウスボタンを放す。

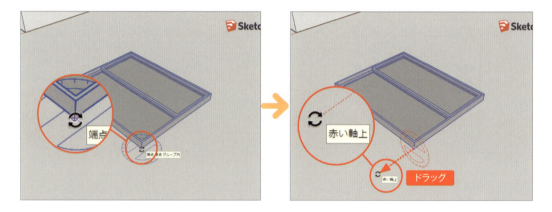

21 回転の開始点を指定するため、図のサッシ外枠の左下側上端の 端点 グループ内 と表示される位置でクリックする。窓のモデルを立ち上げるようにカーソルを移動し、計測ツールバーの［角度］に「90」と表示される位置でクリックする。

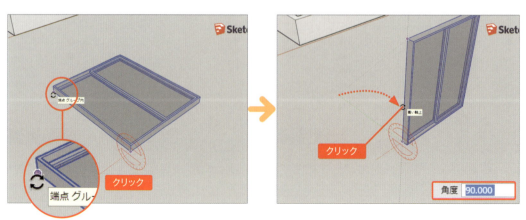

22 窓のモデルが選択されている状態のまま、[選択]ツールで窓のモデルの任意の面を右クリックし、表示されるコンテキストメニューから[コンポーネントを作成]を選択する。表示される[コンポーネントを作成]ダイアログで、[定義]にコンポーネント名（ここでは「AW_W1700H2000」）を入力する。[OK]ボタンをクリックすると、窓のコンポーネント「AW_W1700H2000」が作成される。

step 4-2-2 建具のサイズを変更する

ここから始める
4_2_2.skp

1 4-2-1（P.141）で作成した窓のコンポーネントを基に、高さ1,000mmの引き違いサッシを作成する。図のように屋根モデルの右側が見える表示に変更する。[コンポーネント]パネルを表示して、[モデル内]をクリックすると、モデルに登録されているコンポーネントが一覧表示される。作成した「AW_W1700H2000」を屋根モデルの右側の位置にドラッグすると、コンポーネントが挿入される。

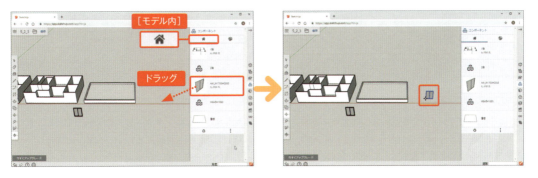

2 挿入したコンポーネントを拡大表示する。[コンポーネント]パネルを表示したまま、挿入したコンポーネントを右クリックして表示されるコンテキストメニューから[固有にする]を選択する。[コンポーネント]パネルのコンポーネント一覧リストに「AW_W1700H2000#1」が追加される。

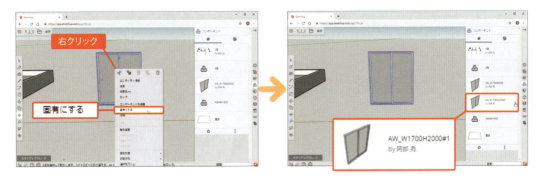

3 コンポーネント一覧リストの「AW_W1700H2000#1」の［>］をクリックして展開し、［定義］に新しい名前（ここでは「AW_W1700H1000」）を入力する。［モデル内］をクリックすると名前が更新される。

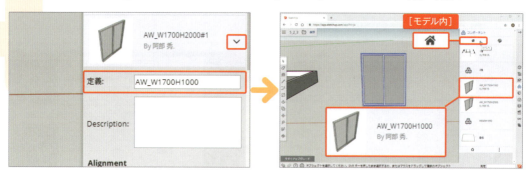

4 ［選択］ツールでコンポーネント「AW_W1700H1000」をダブルクリックして、コンポーネント編集モードにする。引き違い窓の手前（右側）の窓ガラス（コンポーネント「W845H1950」）をクリックして選択し、Delete キーを押して削除する。

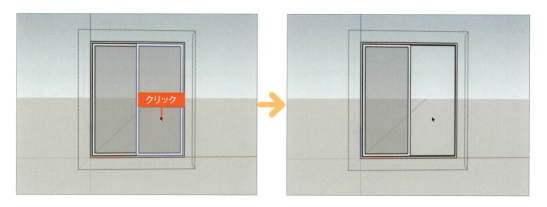

5 ［選択］ツールでもう一方の窓ガラスを右クリックし、表示されるコンテキストメニューから［固有にする］を選択する。［コンポーネント］パネルの一覧に「W845H1950#1」が追加される。手順 3 と同様にして、コンポーネントの名前を変更（ここでは「W845H950」）する。

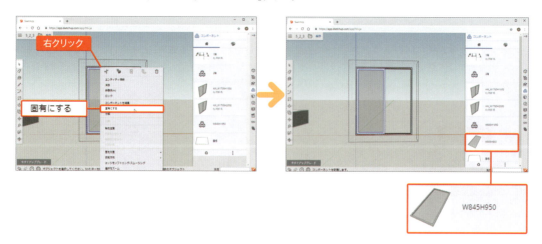

6 ┃ [選択]ツールで手順 5 で名前を変更した窓ガラスのコンポーネント「W845H950」をダブルクリックし、コンポーネント編集モードにする。図のように、窓ガラスのサッシ外枠の上部分を窓選択する。

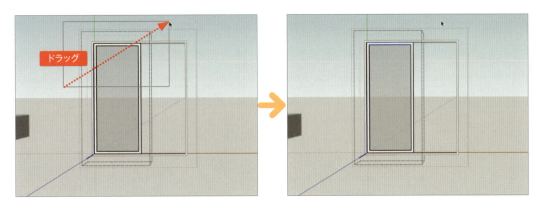

7 ┃ [移動]ツールを選択し、窓コンポーネントの右側付近の描画領域をクリックする。カーソルを緑軸と平行に下へ移動し、クリックせずにキーボードから「1000」と入力して Enter キーを押す。[選択]ツールでコンポーネントの外をクリックしてコンポーネント編集モードを終了する。

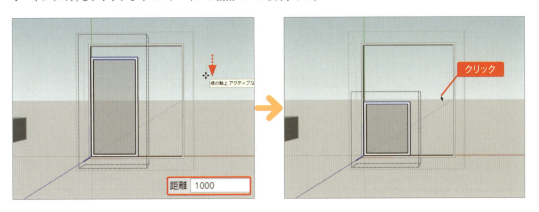

8 ┃ [オービット]ツールや [ズーム]ツールで窓の右側の側面が見える表示に変更する。[移動]ツールを選択し、Ctrl キーを押してコピーモードにする。窓ガラスのコンポーネントの右上角の奥の 端点 in W845H950 と表示される位置をクリックする。カーソルを手前側に移動し、端点 in W845H950 と表示される位置をクリックする。窓ガラスのコンポーネントが手前に1枚コピーされ、窓ガラスが2枚重なった状態になる。

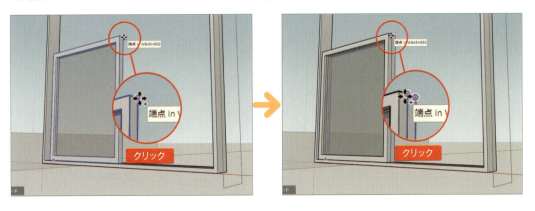

9 　[オービット]ツールでサッシ外枠右側内面が見える表示に変更する。2枚重なったうちの手前の窓ガラスのコンポーネントを[選択]ツールでクリックして選択する。[移動]ツールで手前の窓ガラスのコンポーネント右上角の 端点 in W845H950 と表示される位置をクリックし、カーソルを赤軸と平行に右へ移動する。サッシ外枠の内面まで移動し、面上 グループ内 と表示される位置をクリックすると、窓が閉じた状態に配置される。

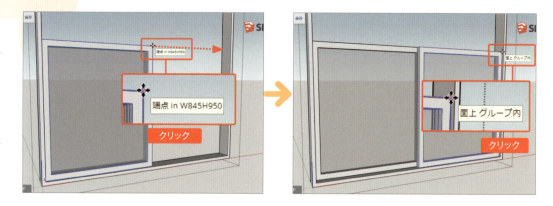

10 　[オービット]ツールと[ズーム]ツールで窓全体が見える表示に変更する。サッシ外枠をダブルクリックし、グループ編集モードにする。右図のようにサッシ外枠の上部分を窓選択する。

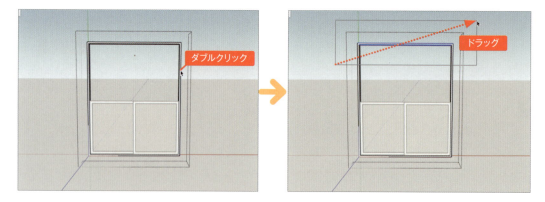

11 　[移動]ツールを選択し、サッシ外枠の右側付近の描画領域をクリックする。カーソルを緑軸と平行に下へ移動し、クリックせずにキーボードから「1000」を入力して Enter キーを押す。[選択]ツールでグループとコンポーネントの外を2回クリックしてグループとコンポーネントの編集モードを終了する。これで高さ1,000mmの引き違い窓のコンポーネント「AW_W1700H1000」が完成した。

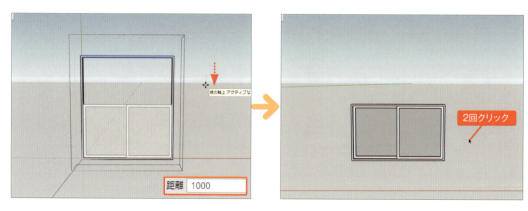

step 4-2-3 建具（窓）を配置する　方法①ガイドの利用

ここから始める
4_2_3.skp

1 各階のコンポーネントを組み合わせた住宅モデルの右側にある1階コンポーネントの正面右側に窓のコンポーネント「AW_W1700H2000」を配置する。[表示]パネルを表示して［ガイド］にチェックを入れ、ガイドを表示する。[オービット]ツールと[ズーム]ツールで1階コンポーネントの正面右側付近を右図のように拡大する。

2 開口部を作成する。[長方形]ツールを選択し、1階コンポーネントの正面右側面上の任意の位置をクリックする。カーソルを右上へ移動し、クリックせずにキーボードから窓の寸法「1700,2000」を入力して Enter キーを押す。窓サイズの長方形が作成される。この段階では、壁面からはみ出してもよい。

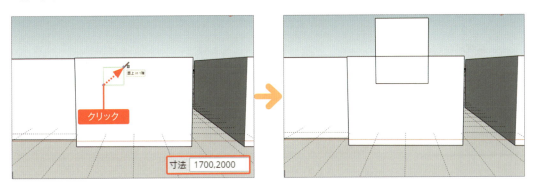

3 [選択]ツールで窓サイズの長方形をダブルクリックして面と辺を選択する。[移動]ツールを選択し、長方形の下辺の 中点 と表示される位置をクリックする。カーソルを壁面下部の中央、壁面とガイドの交点まで移動し、交点 と表示される位置でクリックする。これで開口部の位置を決めることができた。

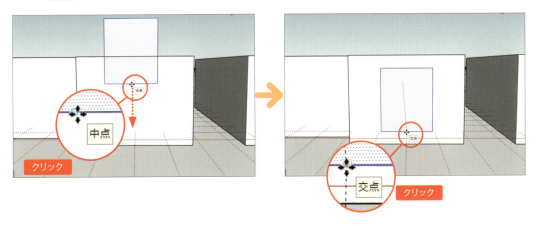

4 位置を決めた窓サイズの長方形を1階コンポーネントにコピーする。長方形が選択状態のまま、右クリックして表示されるコンテキストメニューから［切り取り］を選択する。作成した窓サイズの長方形がいったん削除される。

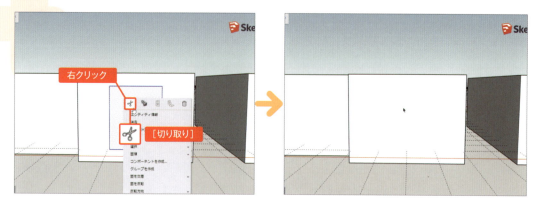

5 [選択]ツールで1階コンポーネントをダブルクリックしてコンポーネント編集モードにする。壁面を右クリックして表示されるコンテキストメニューから［所定の位置に貼り付け］を選択する。1階コンポーネントの壁面に、手順 4 で削除された窓サイズの長方形が貼り付けられる。

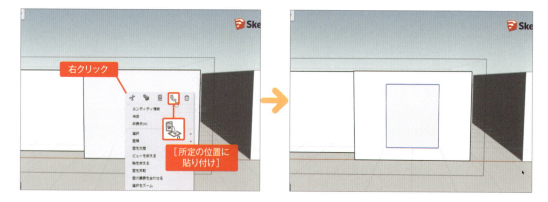

6 [プッシュ／プル]ツールを選択し、貼り付けられた窓サイズの長方形の面をクリックする。カーソルを壁の室内側の面まで奥へ移動し、［面上］と表示される位置をクリックする。[オービット]ツールで右図のような表示に変更すると、1階コンポーネントの壁面に開口部が作成されたのがわかる。

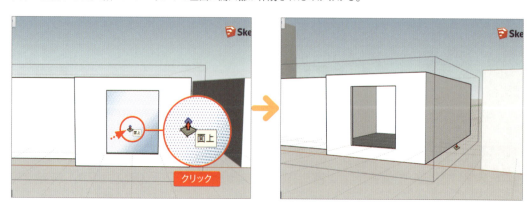

7 　[コンポーネント] パネルを表示して [モデル内] をクリックする。コンポーネント一覧から「AW_W1700H2000」をクリックして選択する。

8 　カーソルに窓コンポーネントが仮表示されるので、手順 6 で作成した開口部の左下へ移動し、開口部左下角手前の 端点 と表示される位置をクリックする。このときカーソルの位置によって窓コンポーネントの向きが変わるので、壁と同じ向きになった状態でクリックする。 [選択] ツールでコンポーネントの外をクリックしてコンポーネント編集モードを終了する。

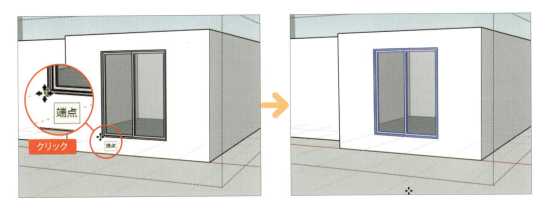

step 4-2-4　建具（窓）を配置する　方法② [メジャー] ツールの利用　ここから始める 4_2_4.skp

1 　2階コンポーネントの正面右側に窓のコンポーネント「AW_W1700H1000」を配置する。[オービット] ツールと [ズーム] ツールなどで2階コンポーネントの正面右側付近を右図のように拡大する。

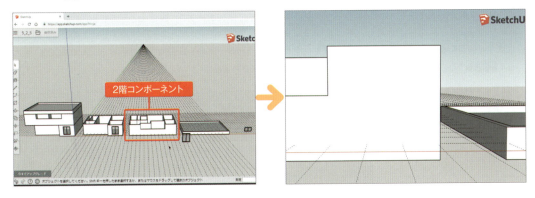

2　　[メジャー]ツールを選択し、カーソル横に「＋」が表示されていることを確認する。表示されていない場合は、Ctrlキーを1度押す。2階コンポーネントの下辺をクリックし、カーソルを青軸と平行に上へ移動する。クリックせずに、キーボードから2階床までの高さ「400」に窓台の高さ「1000」を加えた「1400」を入力してEnterキーを押す。これで、配置する窓の下側のガイドが作成される。

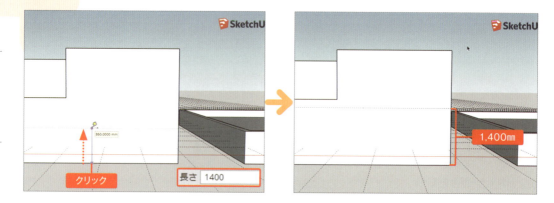

3　　[メジャー]ツールのまま、2階コンポーネントの右辺をクリックする。カーソルを赤軸と平行に左へ移動し、床の右から2番目のガイドとの交点 1880㎜ と表示される位置をクリックする。配置する窓コンポーネントの中心の基準となるガイドが作成される。

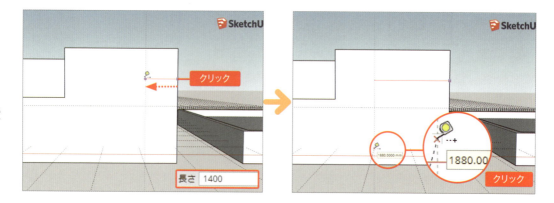

4　　[選択]ツールで2階コンポーネントをダブルクリックしてコンポーネント編集モードにする。[長方形]ツールを選択し、手順3で作成したガイドの 交点 をクリックしてカーソルを右上へ移動する。このとき、長方形の仮表示が横長の長方形になるようにする。クリックせずに、キーボードから窓の幅の半分の寸法「850,1000」を入力してEnterキーを押す。窓の幅の半分の寸法の長方形が作成される。

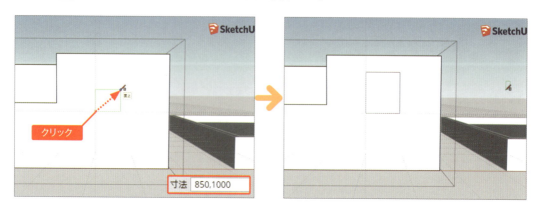

5 　[プッシュ／プル]ツールを選択し、手順 4 で作成した長方形の面をクリックする。カーソルを壁の室内側の面まで奥へ移動し、面上と表示される位置をクリックする。[オービット]ツールで右図のように室内が見える表示に変更すると、開口部が作成されたのがわかる。

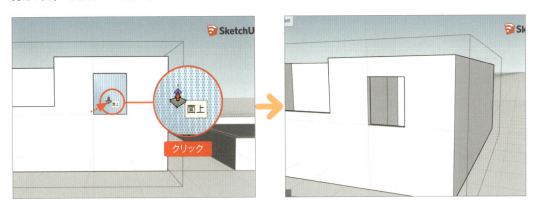

6 　[プッシュ／プル]ツールを選択し、開口部左側の面をクリックする。カーソルを左へ移動し、クリックせずに、キーボードから窓の幅の半分の寸法「850」を入力して Enter キーを押す。開口部が窓コンポーネントと同じ寸法になる。

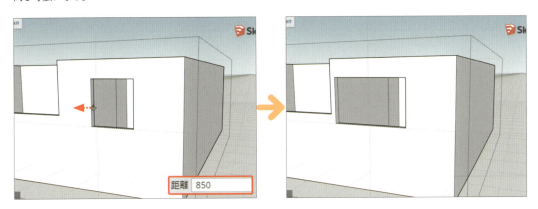

7 　[コンポーネント]パネルを表示して[モデル内]をクリックする。コンポーネント一覧から「AW_W1700H1000」をクリックして選択する。カーソルに窓コンポーネントが仮表示されるので、手順 6 で作成した開口部の左下へ移動し、開口部左下角手前の 端点 と表示される位置をクリックする。これで、2階コンポーネント正面右側の壁面に窓コンポーネントが配置された。

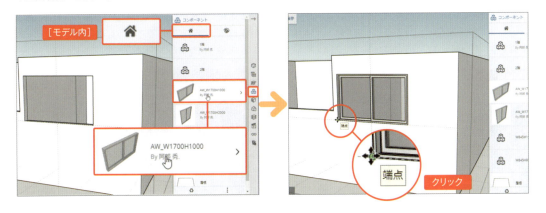

8 [選択]ツールでコンポーネントの外をクリックしてコンポーネント編集モードを終了する。[選択]ツールで2本のガイドを Shift キーを押しながらクリックして選択し、Delete キーを押すと、窓を配置するために作成したガイドが削除される。

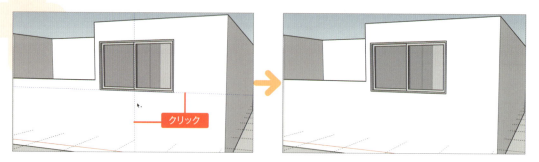

9 [オービット]ツールなどで全体が見えるように表示して、4-2-1（P.141〜）、4-2-2（P.149〜）で作成した窓のコンポーネントを削除する。

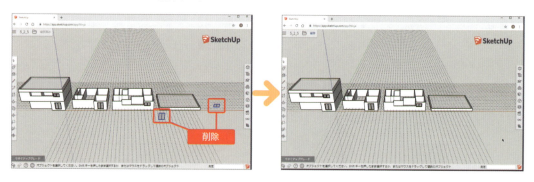

10 [オービット]ツールや[ズーム]ツールなどで4-1-5（P.139〜）で作成した住宅の基本モデルを表示する。各階に配置した窓コンポーネントが住宅の基本モデルにも反映されていることがわかる。

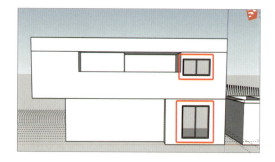

11 次ページのHINT「教材データの建具コンポーネントを読み込む」を参考にして残りの建具を読み込むか、あるいは作成するかして、4-2-3（P.153〜）、4-2-4（P.155〜）と同様にして、図のように外部建具をモデルに配置する。開口部の寸法や位置はサンプルファイル「4_2_5.skp」を参照すること。

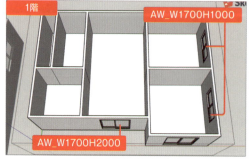
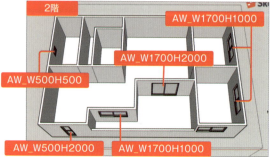

HINT 教材データの建具コンポーネントを読み込む

教材データの「chapter4」-「4_tategu」フォルダには、紙幅の都合上、作成を省略した建具のSKPファイルが収録されている。ここでは、建具のSKPファイルをSketchUp Freeに読み込んで、モデルに配置する方法を解説する。

1 ［現在のモデルのファイル操作］ボタン―［挿入］を選択する。［ファイルを挿入］ダイアログが表示されるので、［お使いのコンピューター］をクリックする。

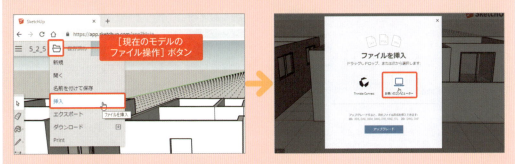

2 ［開く］ダイアログが表示されるので、読み込む建具コンポーネントのファイル（ここでは「AW_W500H2000」）をクリックして選択し、［開く］ボタンをクリックする。［ファイルを挿入］ダイアログが表示されるので［コンポーネントを挿入］ボタンをクリックする。

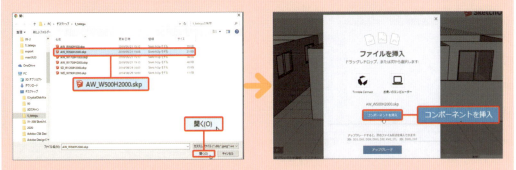

3 選択したコンポーネント（ここでは「AW_W500H2000」）がカーソルに仮表示されるので、任意の位置でクリックすると挿入される。［コンポーネント］パネル―［モデル内］を表示すると、読み込んだファイルがコンポーネントとして登録されていることがわかる。

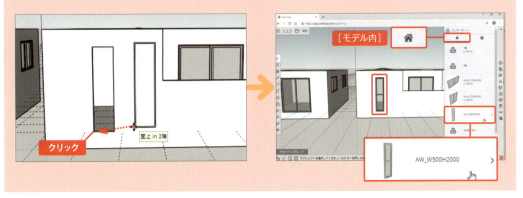

step 4-2-5 玄関を配置してポーチを作成する

ここから始める
4_2_5.skp

1 開口部を作成して、玄関を配置する。[オービット]ツールや[ズーム]ツールなどで、1階コンポーネントの玄関周辺を拡大し、平面が見える表示にする。[選択]ツールで1階コンポーネントをダブルクリックしてコンポーネント編集モードにする。

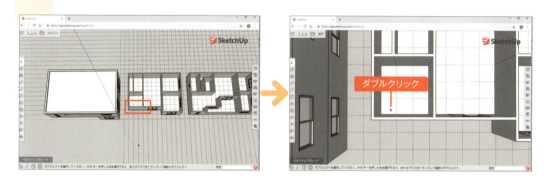

2 [線]ツールを選択し、玄関床面左辺中央の 中点 と表示される位置をクリックする。カーソルを赤軸と平行に右へ移動し、玄関床面右辺中央の 中点 と表示される位置をクリックする。玄関の床面が上下に2等分される。

3 [オービット]ツールで段差がわかる表示に変更する。[プッシュ／プル]ツールを選択し、手順2で2等分された下の面をクリックする。カーソルを下へ、床面を押し下げるように移動する。クリックせずに、キーボードから床面を下げる寸法「150」を入力して Enter キーを押す。

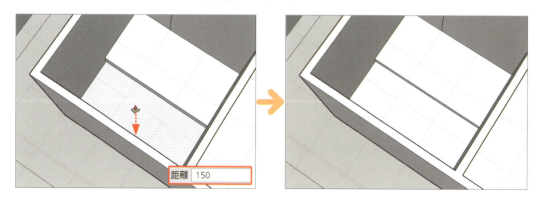

| 4 | 🖱[オービット]ツールで玄関の扉を配置する内面が見える表示に変更する。▱[長方形]ツールを選択し、玄関の扉を配置する壁面の下辺の 中点 と表示される位置をクリックする。縦長の長方形が仮表示されるようにカーソルを右上へ移動する。クリックせずに、キーボードから配置する扉の幅の半分の寸法「600,2000」を入力して Enter キーを押す。扉サイズの長方形が作成される。 |

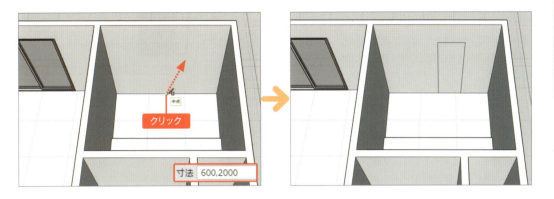

| 5 | 🖱[プッシュ／プル]ツールを選択し、手順 4 で作成した長方形の面をクリックする。カーソルを外壁方向に面を押し出すように上へ移動し、 面上 と表示される位置をクリックする。 |

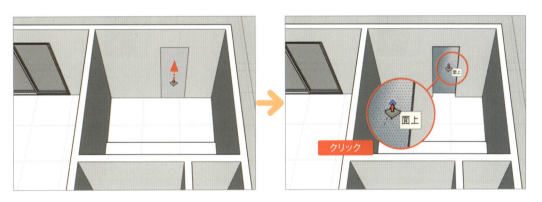

| 6 | 🖱[オービット]ツールで手順 5 で作成した開口部の左側の内面が見える表示に変更する。🖱[プッシュ／プル]ツールを選択し、開口部左側の内面をクリックしてカーソルを左へ移動する。クリックせずに、キーボードから配置する扉の幅寸法「600」を入力して Enter キーを押す。これで、扉を配置する開口部が作成される。 |

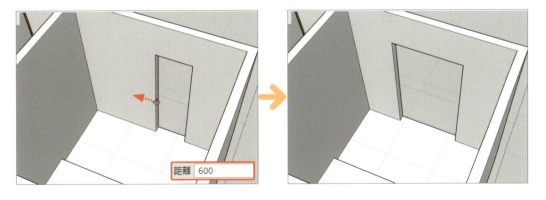

7 [オービット]ツールや[ズーム]ツールで玄関が外から見える表示にする。[コンポーネント]パネルを表示し、P.159のHINTを参考に「chapter4」-「4_tategu」フォルダから扉のコンポーネント「SD_W1200H2000」を読み込む。読み込んだ「SD_W1200H2000」をクリックして選択し、カーソルを手順6で作成した開口部左下手前角へ移動して[端点]と表示される位置をクリックする。開口部に扉が配置される。

8 段差のあるポーチを作成する。[オービット]ツールや[ズーム]ツールで玄関の手前を図のように表示する。[長方形]ツールを選択し、1階コンポーネントの正面左下の[端点]と表示される位置をクリックする。横長の長方形が仮表示されるようにカーソルを右下へ移動する。クリックせずに、キーボードからポーチの寸法「2730,1820」を入力してEnterキーを押す。

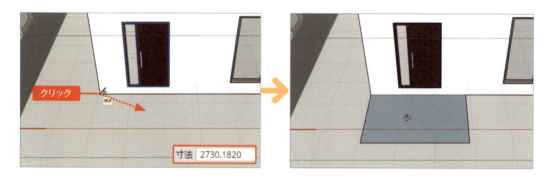

9 [プッシュ／プル]ツールを選択し、手順8で作成した長方形をクリックしてカーソルを上へ移動する。クリックせずに、キーボードからポーチの高さ寸法「250」を入力してEnterキーを押す。

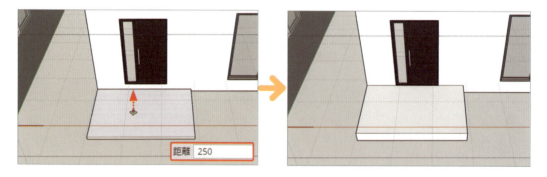

10 [選択]ツールでポーチ上面の手前の辺をクリックして選択する。[移動]ツールを選択し、Ctrl キーを押してコピーモードにする。選択した辺の右側の 端点 と表示される位置をクリックして、カーソルをポーチ上面の右辺に沿って上へ移動する。クリックせずに、キーボードから段差の幅「300」を入力して Enter キーを押す。

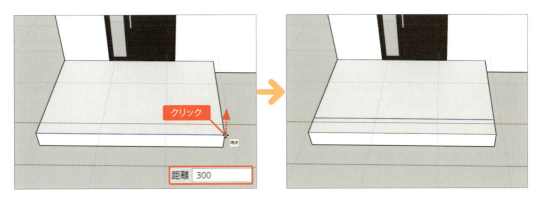

11 [プッシュ／プル]ツールを選択し、手順 10 で作成したポーチ上面の手前の面クリックする。面を押し下げるようにカーソルを下へ移動する。クリックせずに、キーボードから段差の高さ「125」を入力して Enter キーを押す。これで、段差のあるポーチが作成される。

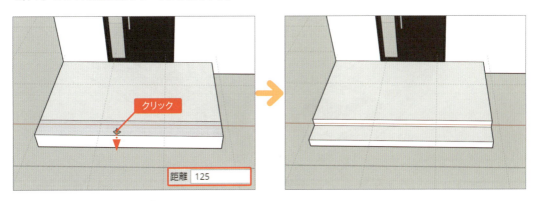

12 [オービット]ツールや[ズーム]ツールなどで、4-1-5（P.139～）で作成した住宅の基本モデルを表示する。玄関の配置とポーチの作成が住宅の基本モデルにも反映されていることがわかる。

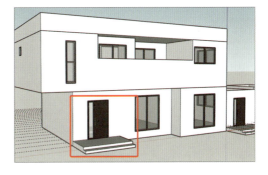

section 4-3 外装／内装の作成と仕上げ

本節では、建具を配置した住宅モデルに外装と内装を施し、仕上げを行う。外壁には910mmのグリッドに合うレンガ状のマテリアルを作成して貼り付ける。また、住宅では必須といえる階段の作成方法も解説する。内装では、Webサイト「3Dギャラリー」から家具コンポーネントをダウンロードして配置する方法を解説する。

所要時間 **60**分

本節で使用する作例ファイルは、教材データの「chapter4」フォルダに収録されています。

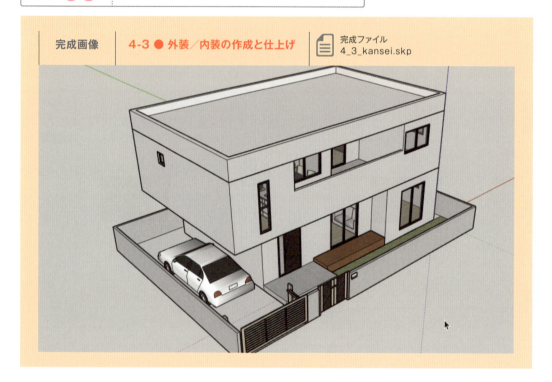

完成画像　4-3 ● 外装／内装の作成と仕上げ　完成ファイル 4_3_kansei.skp

step 4-3-1 タイルのマテリアルを作成して貼る

ここから始める 4_3_1.skp

1 [オービット]ツールや[パン表示]ツールで1階コンポーネント正面の図形のない場所を表示する。[表示]パネルを表示して［ガイド］のチェックを外し、ガイドを非表示にする。

2 タイルを作成する。[長方形]ツールを選択し、任意の位置をクリックしてカーソルを右上へ移動する。クリックせずに、キーボードから「910,910」を入力して Enter キーを押す。910mm四方の正方形が作成される。

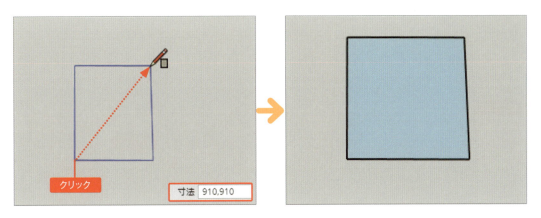

3 [選択]ツールで正方形の下辺を右クリックし、表示されるコンテキストメニューから[分割]を選択する。下辺に赤色の分割点が表示されるので、カーソルを左右に移動し、カーソルに 4個のセグメント 長さ 227.5000mm と表示される位置をクリックする。下辺が4等分される。

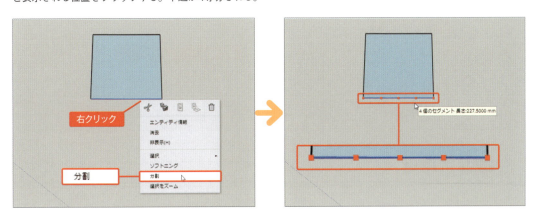

4 [選択]ツールのままで正方形の左辺を右クリックし、表示されるコンテキストメニューから[分割]を選択する。手順 3 と同様にして 4個のセグメント 長さ 227.5000mm と表示される位置をクリックする。左辺が4等分される。

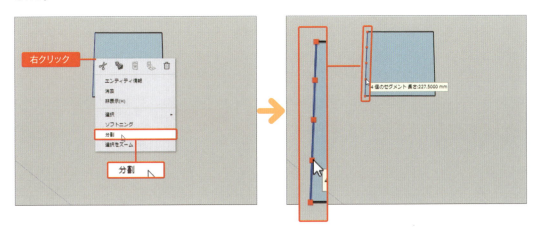

5 ▱[長方形]ツールを選択し、4分割した左辺の下から2つ目の 端点 と表示される位置をクリックする。カーソルを右下へ移動し、下辺の左から2つ目の 端点 と表示される位置をクリックする。227.5mm四方の正方形が作成される。

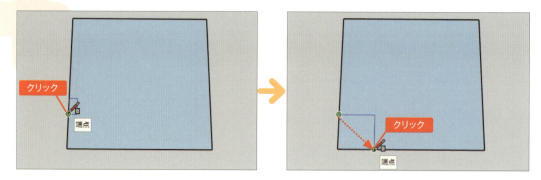

6 ▸[選択]ツールで大きい正方形をトリプルクリックしてすべてを選択する。 Shift キーを押しながら、小さい正方形の面をダブルクリックする。手順 5 で作成した227.5mm四方の正方形を選択から除外する。

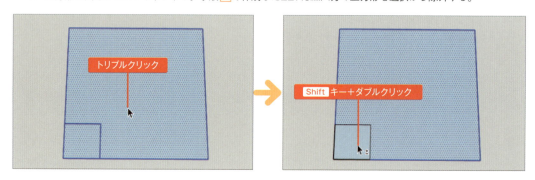

7 Delete キーを押して、選択されている部分を削除する。

8 ⌕[ズーム]ツールで正方形を拡大表示し、▸[選択]ツールで正方形の面をダブルクリックして選択する。面上で右クリックし、表示されるコンテキストメニューから［グループを作成］を選択する。

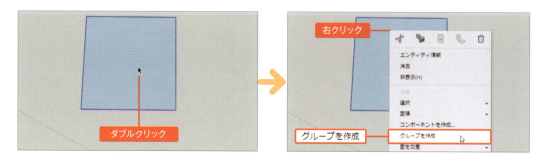

9 [長方形]ツールを選択し、正方形の右側の任意の位置をクリックする。カーソルを右上へ移動して横長の長方形を仮表示する。クリックせずに、キーボードから「220,30」を入力して Enter キーを押す。この長方形が1枚分のタイルとなる。

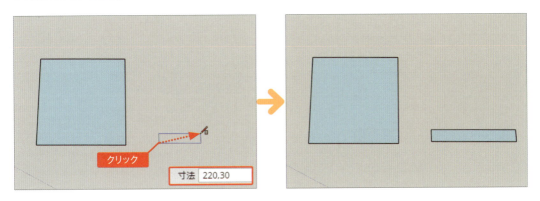

10 [選択]ツールで手順 9 で作成した長方形をダブルクリックして選択する。[移動]ツールを選択し、Ctrl キーを押してコピーモードにする。長方形の右下の 端点 と表示される位置をクリックし、カーソルを上へ移動する。クリックせずに、キーボードからタイルの縦の長さの30mmと目地8mmを合わせた寸法「38」を入力して Enter キーを押す。

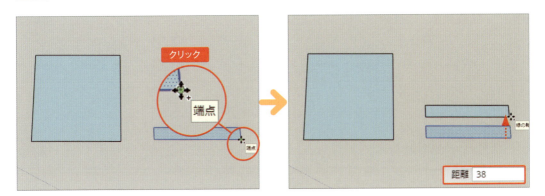

11 続けてキーボードから「5x」を入力して Enter キーを押すと、手順 10 で指定した距離で5枚のタイルがコピーされる。これで、8mmの目地間隔で縦に並んだ6枚のタイルが作成される。

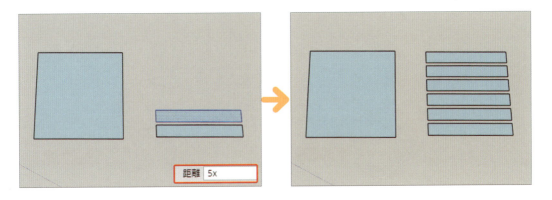

12 [選択]ツールで6枚のタイルを窓選択して選択する。タイルの面上で右クリックして表示されるコンテキストメニューから［グループを作成］を選択する。

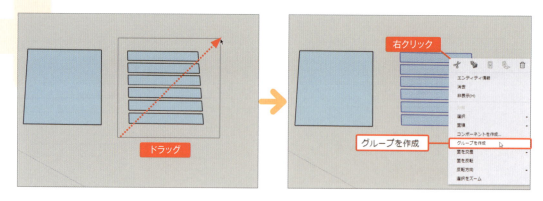

13 [線]ツールを選択し、正方形の左下 端点 原点 グループ内 と表示される位置をクリックする。カーソルを右上の頂点へ移動し、 端点 グループ内 と表示される位置をクリックして対角線を作成する。同様にして、タイルのグループの上にも対角線を作成する。

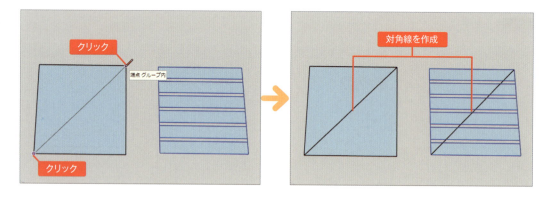

14 [選択]ツールでタイルのグループをクリックして選択する。[移動]ツールを選択し、手順 13 で作成した対角線の 中点 と表示される位置をクリックする。カーソルを左へ移動し、正方形の対角線の 中点 と表示される位置をクリックする。これで、正方形とタイルのグループをきれいに重ね合わせることができる。

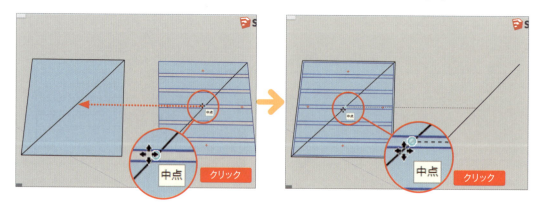

15 [選択]ツールで Shift キーを押しながら2本の対角線をクリックして選択する。Delete キーを押して削除する。

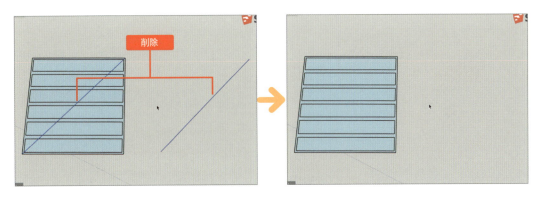

16 [選択]ツールで長方形とタイルのグループを選択し、面上で右クリックする。表示されるコンテキストメニューから[分解]を選択してグループを解除する。図形のない描画領域をクリックして選択を解除する。

> **HINT グループを[分解]する方法**
>
> グループとしてひとまとめになっていた複数のエンティティを個別に扱えるようにすることを「分解」と呼ぶ。グループ化したエンティティを右クリックし、表示されるコンテキストメニューから[分解]を選択すると、グループが分解されて個別のエンティティになる。

17 [ペイント]ツールを選択する。表示される[マテリアル]パネルの[参照]―[アスファルト/コンクリート]―[磨かれたコンクリート]のサムネイル(SketchUp Proでは、[マテリアル]トレイ―[アスファルト/コンクリート]―[磨かれたコンクリート])をクリックして選択する。タイルの目地部分をクリックしてマテリアルを適用する。

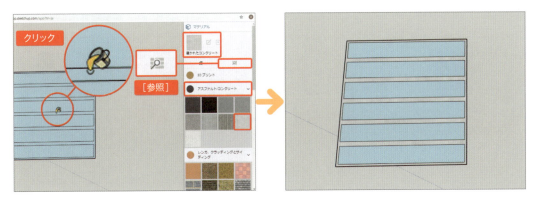

18　🖱[マテリアル]パネルの[参照]—[色]—[色 M01]のサムネイル(SketchUp Proでは、[マテリアル]トレイ—[色]—[色 M01])をクリックして選択する。すべてのタイル部分をクリックしてマテリアルを適用する。

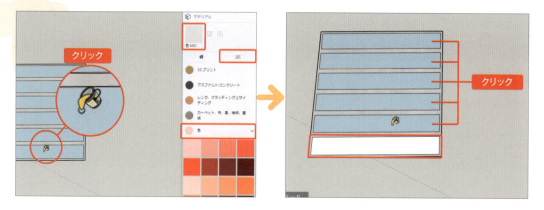

19　🖱[選択]ツールで重なっている正方形とタイルを窓選択して選択する。タイルの面上で右クリックして表示されるコンテキストメニューから[テクスチャの組み合わせ]を選択する。

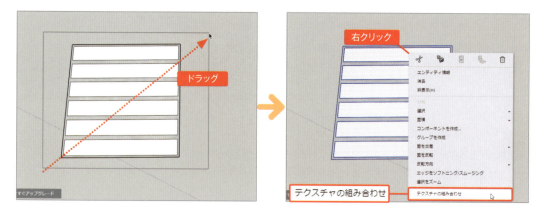

20　「内側のエッジを消去しますか？」というメッセージが表示されるので、[OK]ボタンをクリックする。これで新しいマテリアルが作成される。🖱[マテリアル]パネル—[モデル内]を表示し、作成したマテリアルがマテリアル一覧に「マテリアル」という名前で登録されていることを確認する。

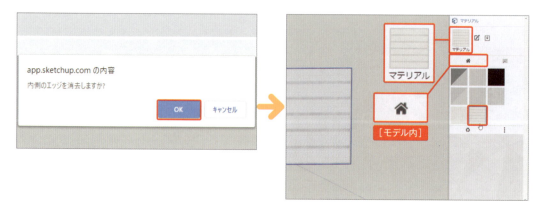

21 [オービット]ツールと [ズーム]ツールで図のように1階コンポーネントの正面が見える表示に変更する。 [選択]ツールで1階コンポーネントをダブルクリックしてコンポーネント編集モードにする。 [ペイント]ツールを選択し、手順 20 で作成した「マテリアル」のサムネイルをクリックして選択する。1階コンポーネントの外壁をクリックしてマテリアルを適用する。

22 1階コンポーネントのすべての外壁をクリックして「マテリアル」を適用する。同様にして、2階コンポーネントと屋根コンポーネントもコンポーネント編集モードで壁面に「マテリアル」を適用する。

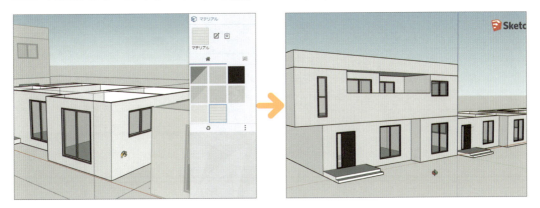

23 手順 1 ～ 20 を参考に、図のようなマテリアルを新たに作成する。

各寸法は次のとおり。
- 外側の正方形：910×910mm
- タイル：295×295mm
- 各タイルの目地：約8mm

使用したマテリアルは次のとおり。
- 目地部分：[色] ― [色 M01]
- タイル部分：[アスファルト／コンクリート] ― [磨かれたコンクリート]

このマテリアル「マテリアル#1」は、コンポーネントと同様、次ページの **HINT** で解説している方法で教材データの「chapter4」―［4_material］フォルダから読み込むことも可能だ。

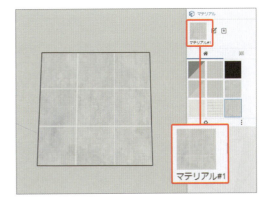

HINT 画像ファイルをマテリアルとして読み込む

教材データ（**P.015**参照）の「chapter4」－[4_material]フォルダには、紙幅の都合上作成を省略したマテリアル（手順 23 で作成した「マテリアル♯1」）の画像ファイルが収録されている。この画像ファイルをSketchUp Freeに読み込んで、マテリアルとして挿入する方法を解説する。

1 [長方形]ツールを選択し、読み込む画像の大きさとなる長方形を作成する。ここでは910×910mmの長方形を作成した。

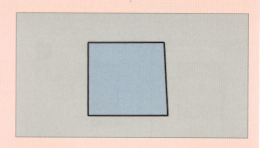

2 [現在のモデルのファイル操作]ボタン－[挿入]を選択する。[ファイルを挿入]ダイアログが表示されるので、[お使いのコンピューター]をクリックする。

3 [開く]ダイアログが表示されるので、画像ファイル（ここでは「マテリアル#1.png」）をクリックして選択し、[開く]ボタンをクリックする。[ファイルを挿入]ダイアログが表示されるので[マテリアル]をクリックする。

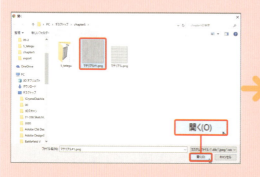

4 ステータスバーに「イメージでペイントする面上の最初の点を選択します」と表示されるので、手順 1 で作成した長方形の左下の 端点 をクリックし、続けて対角線の 端点 をクリックする。画像が長方形に適用され、「マテリアル♯1」が [マテリアル]パネル－[モデル内]のマテリアル一覧に追加される。

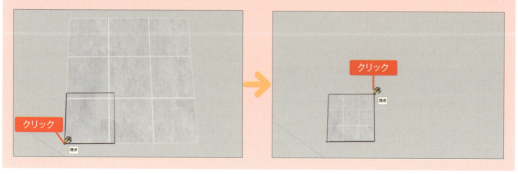

24 手順23で作成した、またはP.159のHINTを参考に読み込んだ「マテリアル♯1」を、ポーチやバルコニーなどに適用する。この際、[選択]ツールでコンポーネントをダブルクリックしてコンポーネント編集モードにしてからマテリアルを適用する。

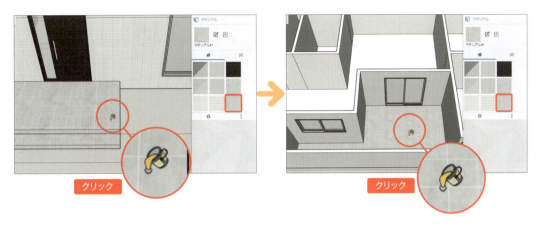

25 [選択]ツールでマテリアル作成に使用したすべての図形を選択する。 Delete キーを押して削除する。これで外壁へのマテリアルの適用が完了した。

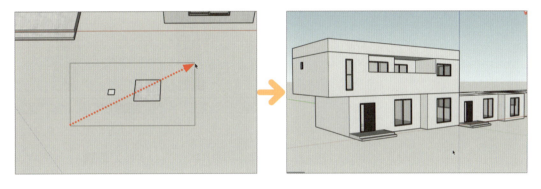

step 4-3-2 階段を作る

ここから始める
4_3_2.skp

1 [オービット]ツールや[パン表示]ツールで図のように1階コンポーネントの階段の設置部分が見える表示にする（手前と奥を逆にする）。[選択]ツールで1階コンポーネントをダブルクリックしてコンポーネント編集モードにする。

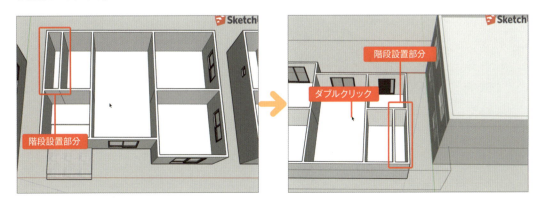

2 [プッシュ／プル]ツールを選択し、階段入口の面をクリックする。カーソルを上（奥）に、反対側の面に接するように移動する。反対側の面上で 面上 と表示される位置をクリックすると、壁が削除される。

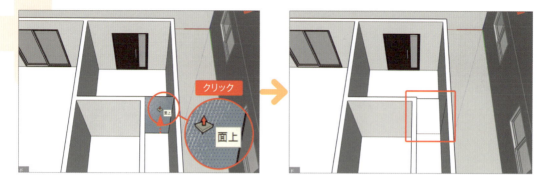

3 [オービット]ツールで階段入口が玄関側から見えるように視点を水平に180度回転する。

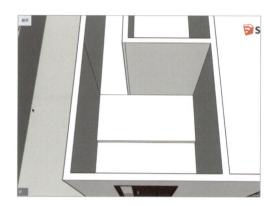

4 [選択]ツールで階段入口の線分をクリックして選択する。[移動]ツールを選択し、Ctrl キーを押してコピーモードにする。線分の右側の 端点 と表示される位置をクリックし、カーソルを緑軸と平行に上へ移動する。クリックせずに、キーボードから階段の幅「200」を入力して Enter キーを押し、いったん線分を1本コピーする。

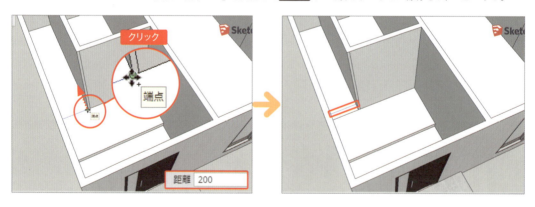

5 続けて、キーボードから「2x」と入力して Enter キーを押すと、線分が合計2本コピーされる。これで200mm幅の階段の踏み面が2つ作成されたことになる。

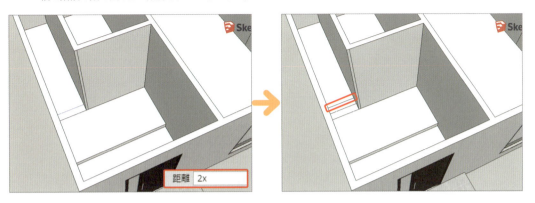

6 [プッシュ／プル]ツールを選択し、奥の階段の踏み面をクリックして、カーソルを上へ移動する。クリックせずに、キーボードから階段1段の高さ「200」を入力して Enter キーを押す。

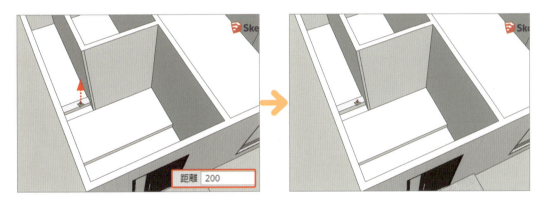

7 [選択]ツールで Ctrl キーを押しながら手順 6 で高さを与えた段の踏み面と蹴上面を順にクリックして選択する。[移動]ツールを選択し、Ctrl キーを押してコピーモードにする。階段の右下角の 端点 と表示される位置をクリックし、カーソルを階段の上へ移動する。続いてコピー基の階段の右上角の 端点 と表示される位置をクリックする。

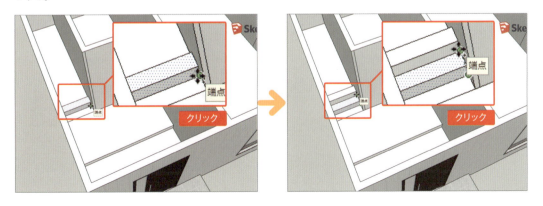

8 続けて、キーボードから「13x」と入力して Enter キーを押すと、13段分の階段がコピーされる。[ズーム]ツールで階段全体が見える表示に変更すると、14段の階段が作成されたのがわかる。コンポーネントの外をクリックしてコンポーネント編集モードを終了する。

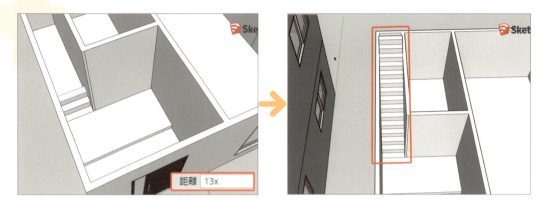

9 [ズーム]ツールや[パン表示]ツールで各階のコンポーネントを組み合わせた住宅モデルを正面斜め上方から見える表示にする。[選択]ツールで住宅モデルの屋根コンポーネントを右クリックし、表示されるコンテキストメニューから[非表示]を選択して、2階内部が見える表示にする。

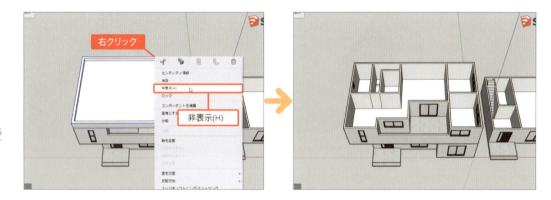

10 [ズーム]ツールや[パン表示]ツールで住宅モデルの2階の階段部分を拡大表示する。[選択]ツールで住宅モデルの2階コンポーネントをダブルクリックして、コンポーネント編集モードにする。

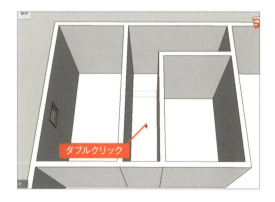

11 2階の階段、上部（奥）を確認すると、階段と2階の床部分とが干渉しあい、長方形が表示されているのがわかる。[線]ツールを選択し、長方形下辺の左側の 端点 アクティブなジオメトリ外 と表示される位置をクリックする。カーソルを赤軸と平行に右へ移動し、長方形下辺の右側の 端点 アクティブなジオメトリ外 と表示される位置をクリックして、線分を作成する。

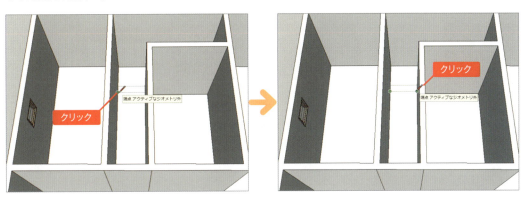

12 [プッシュ／プル]ツールを選択し、手順 11 で作成した線分を上辺とする面をクリックする。カーソルを面を押し下げるように下へ移動し、下の面の 面上 と表示される位置でクリックする。2階の階段部分の床が削除され、1階からの階段が見えるようになる。

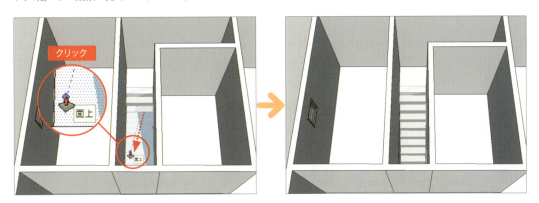

13 [選択]ツールで階段をダブルクリックし、1階コンポーネントをコンポーネント編集モードにする。

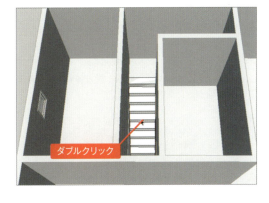

14 [ズーム]ツールで階段の最上段を拡大表示する。最上段の不要な階段を削除する。ここでは、誤ってほかの段も一緒に削除してしまわないように、面と線を別々に削除する。[選択]ツールで最上段の踏み面と蹴上面を Ctrl キーを押しながらクリックして選択し、Delete キーを押して削除する。右図ではわかりにくいが、面だけが削除され、線分は残ったままの状態である。線分は、編集用の1階コンポーネントで削除する。

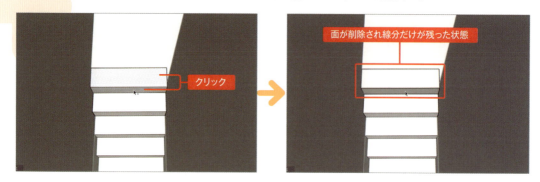

HINT　コンポーネントをうまく活用してモデリングを行う

手順 9 ～ 14 では編集用のコンポーネントではなく、完成用住宅モデルを使って作業を行っている。これは手順 12 で2階の階段部分を削除する際に、1階のコンポーネントで削除する面の位置を確認しているからである。このように作業によっては、編集用ではなく完成用のコンポーネントを使ったほうがよい場合がある。

15 [パン表示]ツールなどで編集用の1階コンポーネントを表示する。[選択]ツールで1階コンポーネントをダブルクリックしてコンポーネント編集モードにする。[オービット]ツールと[ズーム]ツールで右図のように1階コンポーネントの階段最上段を右斜め前からの表示にする。

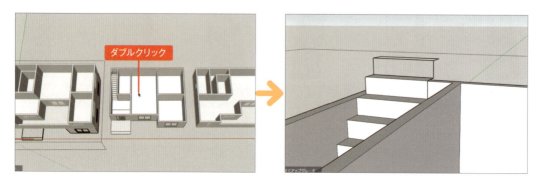

16 [選択]ツールで階段最上段の余分な線分を交差窓選択し、選択する。Delete キーを押して選択した線分を削除する。

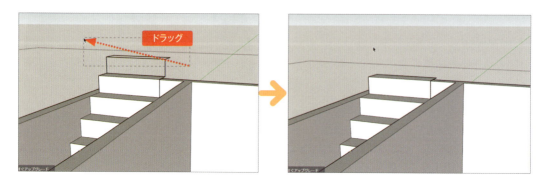

17 これで階段部分が完成した。1階コンポーネント、および各階のコンポーネントを組み合わせた住宅モデルで、階段の状態を確認する。∞[表示]パネル―[すべて]を選択し、手順 9 で非表示にした屋根部分を再表示する。

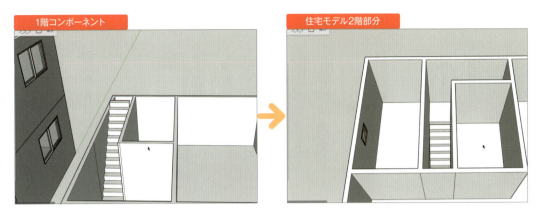

step 4-3-3 内部を仕上げる

ここから始める
4_3_3.skp

1 4-2-1（P.141～）を参考に、室内に配置する扉を作成する。またはP.159のHINTを参考にして教材データの「chapter4」―[4_tategu]フォルダ内にある室内扉コンポーネント「WD_W790H2000」を読み込む。

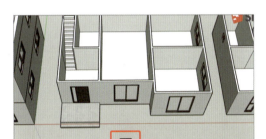

2 図を参考にして、1階コンポーネント、2階コンポーネントの部屋の仕切り壁に室内扉の開口部を作成し、手順 1 で読み込んだ室内扉コンポーネントを配置する。開口部の作成と建具の配置は4-2-3（P.153～）、4-2-4（P.155～）、4-2-5（P.160～）を参考にしていただきたい。

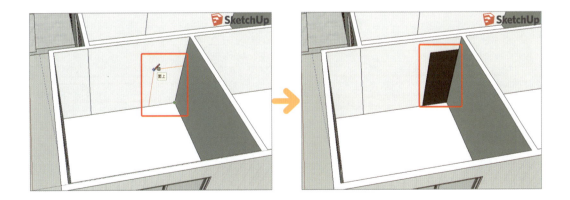

3 教材データの「chapter4」フォルダにある「4_3_4.skp」を参考に、1階コンポーネントと2階コンポーネントにすべての室内扉コンポーネント（「WD_W790H2000」）を配置する。

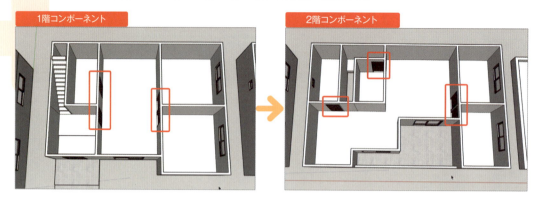

4 4-3-1（P.164〜）を参考にして、1階および2階コンポーネントの室内床にマテリアルを適用する。[ペイント]ツールを選択し、[マテリアル]パネル—[参照]—[木材]—[フローリング_ライト]のサムネイルをクリックして選択する。室内床面をクリックしてマテリアルを適用する。1階玄関の土間部分には、玄関ポーチと同じマテリアル（4-3-1 手順 24（P.173）参照）を適用する。

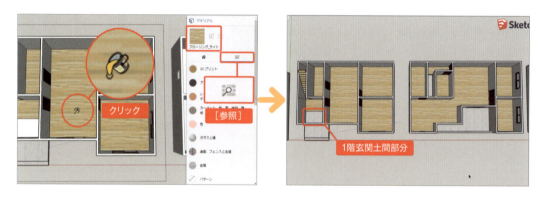

5 室内に配置する家具を「3D Warehouse」（P.116のcolumn参照）からダウンロードする。[コンポーネント]パネルを表示し、[3D Warehouse 検索]をクリックする。検索語句入力欄が表示されるので「ソファ」と入力して[検索]をクリックする。

6 検索結果が表示される。[選択]ツールで1階コンポーネントをダブルクリックしてコンポーネント編集モードにする。検索結果から配置するソファ（ここでは、「ソファ 幅2250 奥行810」）のサムネイルをクリックする。カーソルにコンポーネントが仮表示されるので、室内の 面上 と表示される任意の位置でクリックし、ソファを配置する。ソファの向きなどは、[回転]ツール（2-8（P.077）参照）で適宜変更する。

7 P.159のHINTを参考に、教材データの「chapter4」―[4_comp]フォルダ内にある家具コンポーネントファイルを読み込んで配置する。家具のコンポーネントがまとめられている「家具まとめ.skp」を使用すれば、個別に読み込む手間が省ける。ここでは、「家具まとめ.skp」を読み込む方法を解説する。[現在のモデルのファイル操作]ボタン―[挿入]を選択する。[ファイルを挿入]ダイアログが表示されるので、[お使いのコンピューター]をクリックする。

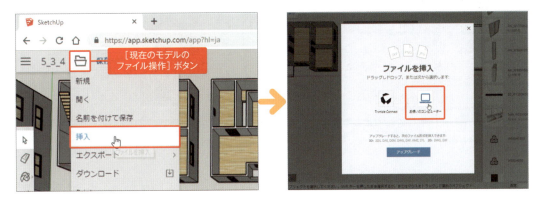

8 [開く]ダイアログが表示されるので、「家具まとめ.skp」をクリックして選択し、[開く]ボタンをクリックする。[ファイルを挿入]ダイアログが表示されるので[コンポーネントを挿入]をクリックする。

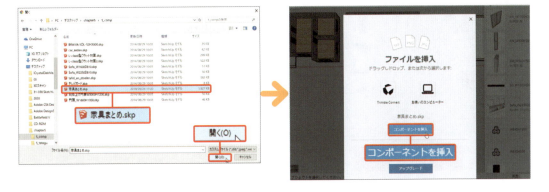

| 9 | カーソルを描画領域に移動し、モデルのない位置をクリックしてコンポーネントを挿入する。挿入した「家具まとめ」コンポーネントを右クリックし、表示されるコンテキストメニューから［分解］を選択すると、コンポーネントがそれぞれの家具ごとに分解される。[コンポーネント]パネルの[モデル内]をクリックして確認すると、別々のコンポーネントとして登録されていることがわかる。

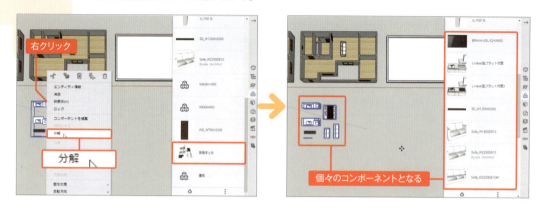

| 10 | [コンポーネント]パネルから読み込んだ家具コンポーネントを選択し、図を参考に配置する。向きなどは［回転］ツール（2-8（P.077）参照）で適宜変更する。

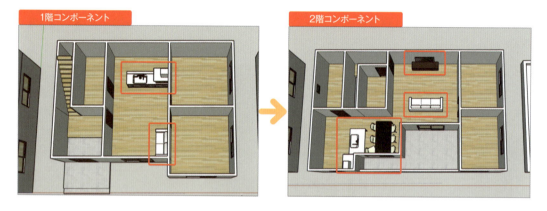

| 11 | すべての家具コンポーネントを配置したら、[コンポーネント]パネルの［未使用のコンポーネントを削除］をクリックし、手順 9 で読み込んだ「家具まとめ」コンポーネントを削除する。これで内部の仕上げが完了した。

step 4-3-4 外構を作成する

ここから始める
4_3_4.skp

1 これまでに解説した操作方法を参考に、塀や門、ウッドデッキ、庭などの外構を作成する。参考までに教材データの完成ファイル「4_kansei.skp」で作成している外構の寸法などを以下に記載する。外構で使用する自動車や門扉、跳ね上げ門扉のコンポーネントは、教材データの「chapter4」―[4_comp]フォルダ内に収録されている。

❶ 塀
奥行き10,000×幅14,000×高さ1,200㎜、壁厚120㎜、跳ね上げ門扉開口部3,040㎜、門扉開口部1,610㎜、マテリアル：[レンガ、クラッディングとサイディング] ― [クラッディング漆喰白]

❷ 門扉コンポーネント「門扉_W1600H1300」

❸ 跳ね上げ門扉コンポーネント「跳ね上げ門扉_W3000H1200」

❹ 庭
奥行き1,780×幅7,980㎜、マテリアル：[造園、フェンスと生垣] ― [VegetationGrass]

❺ ウッドデッキ
奥行き910×幅3,640×高さ400㎜、マテリアル：[木材] ― [木材_サクラ_オリジナル]

❻ 自動車コンポーネント「車_セダン」

正面

平面

2 外構を作成したら、[選択]ツールで住宅モデル編集用に使用した1階、2階、屋根の各コンポーネントをクリックして選択し、Delete キーを押して削除する。

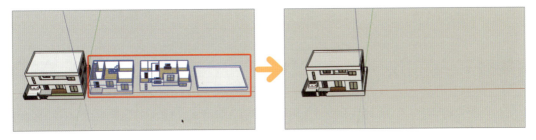

3 ガイドが不要な場合は、[表示]パネルで[ガイド]にチェックを入れていったんガイドを表示し、[すべてのガイドを削除]をクリックして削除する。これで、住宅モデルが完成した。

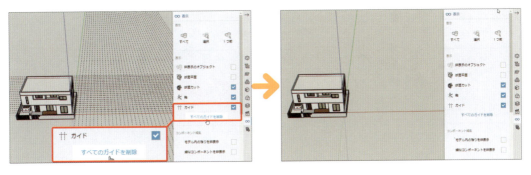

4-4 スタイルの設定／アニメーションの作成

SketchUpには、モデルの見栄えを設定できる「スタイル」機能に加え、画面表示やスタイルなどを保存できる「シーン」機能が搭載されている。いずれもプレゼンテーションなどで活用できる機能だ。本節では、ここまでで完成させた住宅モデルにスタイルを設定して、簡単なアニメーションを作成する方法を解説する。

本節で使用する作例ファイルは、教材のデータの「chapter4」フォルダに収録されています。

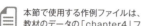

完成ファイル
4_kansei.skp／住宅モデル.png／住宅モデル.mp4

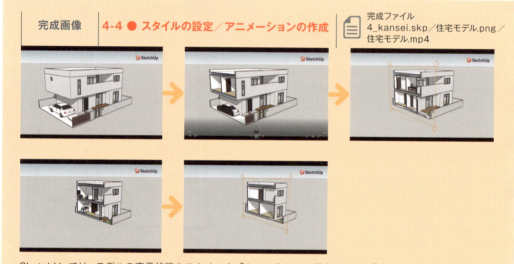

SketchUpでは、モデルの表示状態やスタイルを「シーン」として保存できる。「シーン」をアニメーションの「コマ」として複数つなげると、コマとコマの間が自動的に補完され、アニメーションとして表現できる。例えば、住宅モデル内を人が歩き回る視点で複数のシーンを作成し、そのシーンをアニメーション化すれば、「ウォークスルーアニメーション」となる。

step 4-4-1 影を表示する

ここから始める
4_4_1.skp

1. モデルの影を表示する。∞［表示］パネルを表示し、［影オフ］にチェックを入れて［影オン］にすると影が表示される。

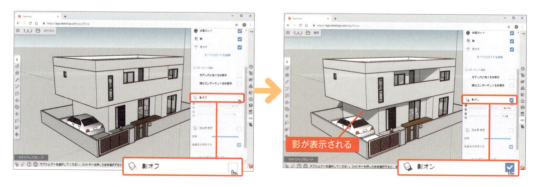

2 ［時刻］と［日時］のスライドバーをドラッグして動かすと、影が変化する。初期設定では11/8、1：30PMの影が表示される。

11/8、PM1：30（初期設定）の影

4/1、AM10：10の影

HINT 影の方向

影の方向は変更できない。真北方向は緑軸方向になっている。

step 4-4-2 スタイルを変更する

ここから始める
4_4_2.skp

1 スタイル機能を利用すると、モデルの見栄えを変更できる。［スタイル］パネルを（SketchUp Proでは、［ウィンドウ］メニュー ―［スタイル］を選択して）表示し、［Browse］をクリックすると、登録されているスタイルが表示される。

2 ［スケッチエッジ］をクリックして展開し、［ペン（黒）］のサムネイルをクリックすると、ペンで描いたような表示に変更される。

3 ［各種スタイル］をクリックして展開し、［細いマーカーとチップボード］のサムネイルをクリックすると、マーカーで描いたような表示に変更される。

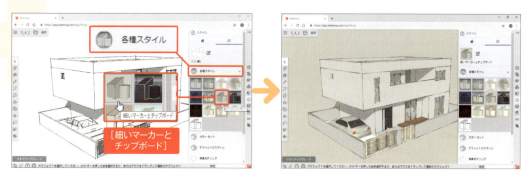

4 スタイルを適用したモデルを、画像ファイルとして保存する。［現在のモデルのファイル操作］ボタン—［エクスポート］—［PNG］を選択する。表示される［イメージをエクスポート］で、エクスポートする画像のサイズを指定できるので、ここでは、横3200×縦1800pxに指定する。設定が終わったら［PNGでエクスポート］ボタンをクリックする。

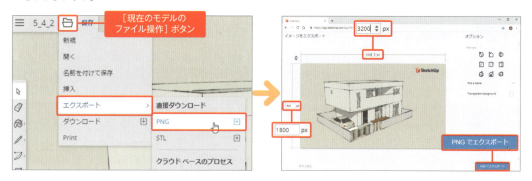

5 「画像のサイズ（解像度）を大きくすると保存に時間がかかる」といった注意を促す［PLEASE CONFIRM］ダイアログが表示されるので、［続行］ボタンをクリックする。画像ファイルへの変換が終わるとダウンロードが開始される。ダウンロードが終了すると、画面左下にファイル名（ここでは「5-4-2.png」）が表示されるので、クリックして表示されるメニューから［開く］を選択する。

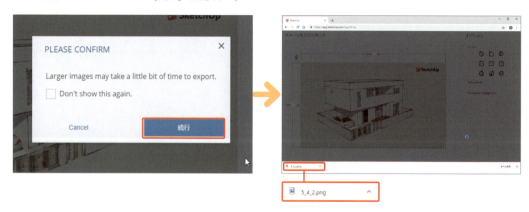

6 | Windowsの「ペイント」などが起動し、画像ファイルが開く。ここでは、画像サイズを大きく（解像度を高く）指定したので、SketchUpの画面表示より線がシャープになっていることがわかる。

7 | SketchUpに戻り、基のスタイルに戻しておく。[スタイル] パネル ― [モデル内] をクリックする。モデルに登録されているスタイルが表示されるので、[Default Modeling Style] をクリックすると、初期設定の表示に戻る。

step 4-4-3 シーン機能でアニメーション表示する

ここから始める
4_4_3.skp

1 | 現在の視点やスタイルなどの表示設定を保存する「シーン」機能を利用してアニメーションを作成する。[ビュー] パネルを表示する。以前に画像をエクスポートしたことがある場合は、そのときの設定がシーンとして保存される。ここでは、4-4-2でエクスポートしたときの設定が保存されるが、ここではその設定は使用しないので、[アクティブシーンを削除] をクリックする。[確認してください] ダイアログが表示されるので、[はい] ボタンをクリックすると、シーンが削除される。

2　▣[ビュー]パネル―[シーンを追加]をクリックすると、現在の表示設定が[シーン1]として追加される。

3　▣[断面平面]ツールを選択し、2階の左側壁面の 平面のロック解除 と表示される位置でクリックすると、断面マーカーのオレンジ色の枠が表示される。

4　▣[選択]ツールで断面マーカーのオレンジ色の枠をクリックして選択すると、断面マーカーのオレンジ色の枠が青色になる。▣[移動]ツールを選択し、建物左側の地面上の任意の点をクリックする。カーソルを赤軸方向右へ移動する。カーソルに合わせて断面が移動するので、モデルのすべてが非表示になる位置でクリックする。

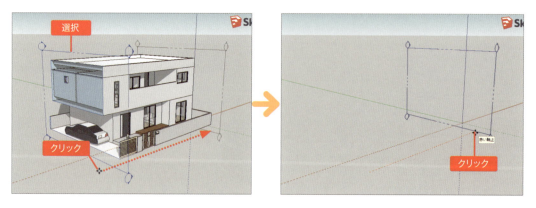

5 [ビュー] パネル ―[シーンを追加] をクリックする。[警告-シーンとスタイル] ダイアログが表示されるので、[新しいスタイルとして保存する] が選択されていることを確認して [OK] ボタンをクリックする。[シーン2] が追加される。

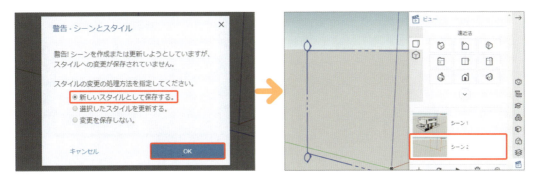

6 [ビュー] パネルの [シーン1] をクリックして最初の表示に戻す。

7 [シーンのアニメーションを再生します] をクリックすると、[シーン1] と [シーン2] 間のコマが自動的に補完され、アニメーション表示される。これで、アニメーションが完成した。

HINT アニメーションの詳細設定

[ビュー]パネルの[設定]をクリックして表示される[アニメーション設定を編集]ダイアログでは、シーンの移行時間や遅延時間の設定ができる。

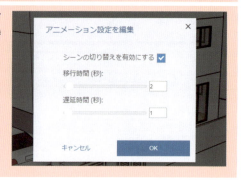

PRO版では アニメーションを動画ファイルとして書き出す

SketchUp Proでは、アニメーションをAVIやMP4などの動画ファイルとして書き出すことがきる。

1 [ファイル]メニュー—[エクスポート]—[アニメーション]—[ビデオ]を選択する。

2 [アニメーションをエクスポート]ダイアログが表示されるので、[オプション]ボタンをクリックする。表示される[アニメーションのエクスポートオプション]ダイアログで、解像度やフレームサイズなどの詳細設定をして[OK]ボタンをクリックする。[アニメーションをエクスポート]ダイアログに戻るので、ファイル名やファイルの種類、保存先を指定して[エクスポート]ボタンをクリックする。

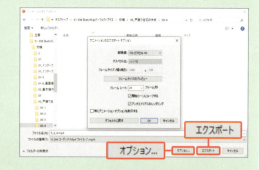

3 アニメーションが動画ファイルとして書き出される。なお、教材データ「chapter4」フォルダ内に**4-4-3（P.187〜）**で作成したアニメーションの動画（MP4）ファイル「住宅モデル.mp4」が収録されている。

モデリング実践テクニック
basic technique

- section5-1　　球体を作成する
- section5-2　　鏡像複写する
- section5-3　　図形の交差で面を作成する
- section5-4　　立体をくり抜く
- section5-5　　S字パイプを作成する
- section5-6　　曲面に画像を貼り付ける
- section5-7　　直方体を面取りする
- section5-8　　厚みのない壁に窓を作成する
- section5-9　　寄棟屋根を作成する
- section5-10　 切妻屋根を作成する
- section5-11　 柱仕口を加工する
- section5-12　 影の動きをシミュレーションする
- section5-13　 直階段を作成する
- section5-14　 L字階段を作成する

chapter

本章では、これまで解説してきた基本操作を踏まえて、SketchUpを実務に生かすための14のモデリングテクニックを手順とともに解説する。

5-1 球体を作成する

球体は、［フォローミー］ツールで円を回転させて作成する。球体の基になる円Aとその回転の「軌跡」となる円Bの2つの円を作成し、軌跡に沿って円Aを回転させることで球体ができる。向きが異なる2つの円を作成するには、［オービット］ツールを使い、画面のアングルを変更することが重要なポイントだ。

> モデルの作例ファイル「5_1_kansei.skp」は、教材データの「chapter5」フォルダに収録されています。

回転体の軌跡となる円Bを作成する

1 ［円］ツールを選択し、円の中心となる任意の位置をクリックする。
半径を指示する。❷赤軸と平行にカーソルを移動し、「赤い軸上」と表示される位置をクリックする。円Bが作成される。

HINT 軌跡となる円の半径は「軸上」を指定する

「赤い軸上」などの「軸上」を示すガイドが表示されない状態でクリックすると、後で ［フォローミー］ツールを実行したときに、意図する形状にならないことがある。

球体の基となる円Aを作成する

2 ［円］ツールのままマウスのホイールボタンを押し（ ［オービット］ツール（P.056参照）を実行）、上方向にドラッグして、正面に近い表示に変更する。カーソルに付属する円が緑色に変わることを確認する。

HINT アングル変更はホイールボタンが便利

ツールの実行中にマウスのホイールボタンを押してドラッグすると ［オービット］ツールとなり、ツールを切り替えずにアングルを変更できる。

3 円Bの中心周辺の「中央」と表示される位置にカーソルを合わせ（クリックしない）、そのままカーソルを上へ移動する。「点から軸方向」と表示される位置でクリックして、円の中心の位置を決める。

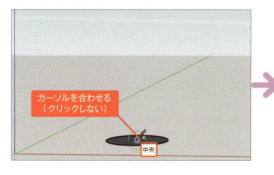 

4 | カーソルを外側へ移動し、キーボードから「500」と入力して Enter キーを押すと、半径500の円**A**が作成される。

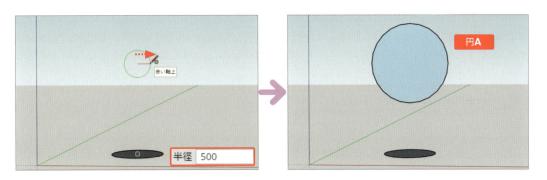

円**A**を回転させて球体にする

5 | ❶ [選択]ツールで手順 1 で作成した円**B**をクリックして選択する。
❷ [フォローミー]ツールを選択し、手順 4 で作成した円**A**をクリックすると、球体が作成される。

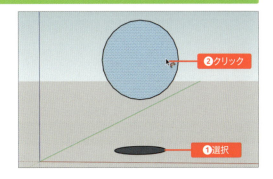

不要な円**B**を削除する

6 | [消しゴム]ツールを選択し、手順 1 で作成した円**B**をクリックして削除すると、球体が完成する。

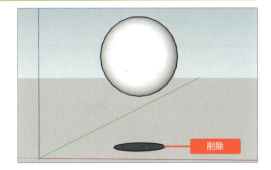

HINT 面の表裏に注意する

球体の表面が白色でなく、薄い青色になっているのは、面が「裏側」の状態である。面が裏側になっていると、別のソフトで読み込んだときにマテリアルが認識されないことがあるので、そのときは面を反転して面の「表側」にしておく。球体を右クリックし、表示されるコンテキストメニューから [面を反転] を選択すると、面の裏表が反転する。

section 5-2 鏡像複写する

対象軸を中心に図形を反転してコピーすることを「鏡像複写」または「ミラーリング」などと呼ぶ。SketchUpでは、図形を一度複写してから[尺度]ツールを使って反転させる。例えば、図形を左半分、右半分のどちらか一方だけ作成しておき、それを他方に鏡像複写して左右対称のモデルを作成するときなどに使用する。

> モデルの作例ファイル「5_2_kansei.skp」は、教材データの「chapter5」フォルダに収録されています。

鏡像複写するモデルを用意する

1 鏡像複写する図のようなモデルを作成する。ここでは、赤軸右方向に鏡像複写する。

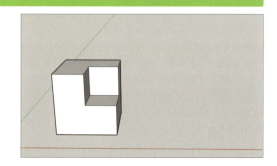

赤軸方向にモデルを鏡像複写する

2 [選択]ツールでモデルをトリプルクリックしてモデル全体を選択する。

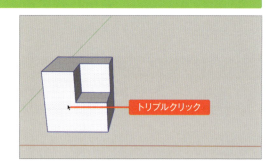

3 [移動]ツールを選択し、Ctrlキーを押してコピーモードにする。コピーの基点として、モデルの任意の位置（ここでは、図の[端点]）をクリックする。
カーソルを右へ移動し、[赤い軸上]と表示される位置でクリックすると、コピーされる。

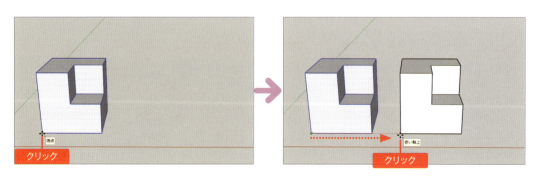

4 | コピーしたモデルが選択状態のまま、[尺度]ツールを選択する。ここでは、赤軸に沿って鏡像複写するため、[オービット]ツールで左側面が見える表示に変更する。コピーしたモデルの左側面の中央の尺度グリップをクリックする。 `赤の尺度 反対側の点を基準` と表示され、反対側の赤いグリップが鏡像複写の基点となる。

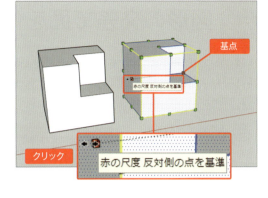

5 | キーボードから「-1」と入力して Enter キーを押すと、基点を軸としてモデルが反転する。

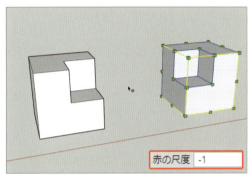

6 | Esc キーを押して[尺度]ツールを終了すると、鏡像複写される。

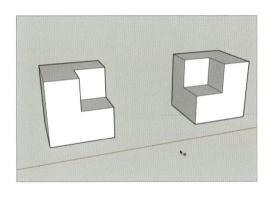

5-3 図形の交差で面を作成する

一般の3次元CGソフトには、モデル同士を交差させてモデルを切り取る「ブーリアン演算」機能を持つものが多い。SketchUpの「交差」機能もこれと同様で、複数の図形を交差させて一方の図形を削除することで、交差した部分に面を作成する（モデルを切り取る）ことができる。

> モデルの作例ファイル「5_3_kansei.skp」は、教材データの「chapter5」フォルダに収録されています。

交差させる図形を作成する

1. [長方形]ツールと[円]ツールを使用し、任意の大きさの長方形と円を作成する。

2. [プッシュ／プル]ツールを選択し、長方形と円を同じ高さの立体にする。

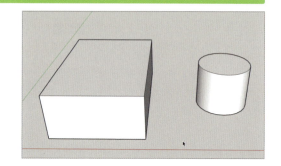

2つの図形を交差させる

3. ❶[選択]ツールで円柱の面をトリプルクリックして円柱全体を選択する。
   ❷[移動]ツールを選択する。円柱の端点または面の 中央 と表示される位置をクリックし、赤い軸上 と表示される方向に移動して、長方形と交差する位置でクリックして移動する。

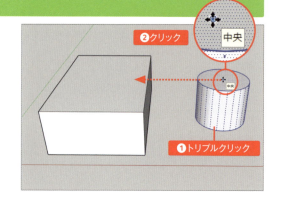

HINT 交差で面を作成できないケース

円柱を移動した時点で、直方体と円柱の上面、底面はそれぞれ同じ平面上にある。円柱の上面を見るとわかりやすいが、直方体と円柱の面は、交差すると同時に、互いの面によって分割される。
一方、直方体と円柱の側面は、この時点では分割されていない。図のように円柱の側面を削除してみると、直方体と円柱が接していた個所に線が作成されておらず、分割もされていないことがわかる。このような状態では直方体と円柱の交差面を作成できない。

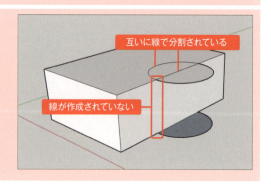

2つの図形が接する境界に線を作成する

4 選択状態の円柱の側面を右クリックし、表示されるコンテキストメニューから[面を交差]―[モデルと交差]を選択すると、直方体と円柱が接している境界に線分が作成される。

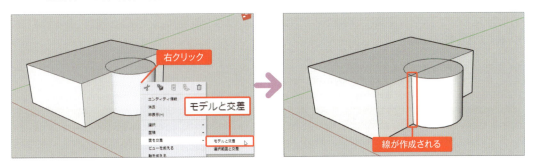

5 円柱の側面の一部を削除すると、直方体と円柱が交差している部分が分割されていることがわかる。

HINT 交差では線が作成される

交差を実行しても、交差部分に線が作成されるだけで、面が作成されるわけではない。線が作成された影響で、交差部分にある面が分割されるだけである。

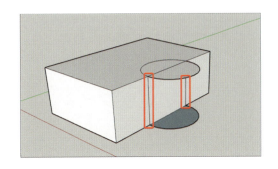

不要な図形を削除する

6 [選択]ツールと Delete キーを使い、直方体にくい込んでいる側面だけを残し、ほかの円柱面をすべて削除する。交差部分に面が作成され、モデルが切り取られる。

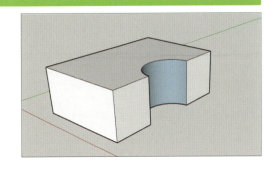

HINT グループやコンポーネントの交差

グループやコンポーネントを編集するには、ダブルクリックして編集モードに入る必要がある。つまり、手順4のようにコンテキストメニューから[交差]を実行するだけでは、グループやコンポーネントは編集されない。例えば、直方体のグループと円柱のグループを交差させ、コンテキストメニューから[交差]を選択した場合、手順5のように2つのグループが接する境界に作成される線は、直方体や円柱の「グループ外」に作成される（図ではわかりやすいように境界の線を移動している）。

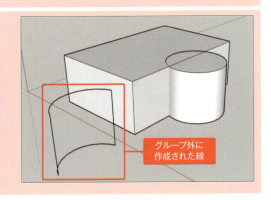

section 5-4 立体をくり抜く

モデルを作成していると、表面を丸く凹ませたり、球状にくり抜くといった加工が必要なことがある。ここでは、[プッシュ/プル]ツールを使って円柱状にくり抜く方法と、前項で解説した「交差」の機能を使って球状にくり抜く方法を紹介する。

> モデルの作例ファイル「5_4_1_kansei.skp」「5_4_2_kansei.skp」は、教材データの「chapter5」フォルダに収録されています。

円柱状にくり抜く

1 [長方形]ツールと[プッシュ/プル]ツールを使用し、任意の大きさの立方体を作成する。

2 [円]ツールを選択し、立方体の手前正面に任意の大きさの円を作成する。

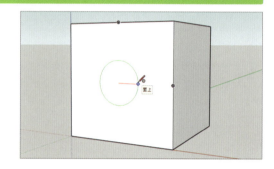

3 [プッシュ/プル]ツールを選択し、作成した円をクリックし、立体の奥に押し込むようにカーソルを移動すると、円状に凹む。

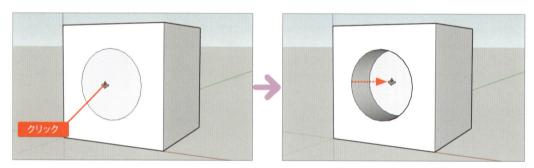

4 そのままカーソルを奥に移動し、立方体後方の辺に合わせて[エッジ上]と表示される位置でクリックする。奥の面まで貫通し、円柱状にくり抜かれる。

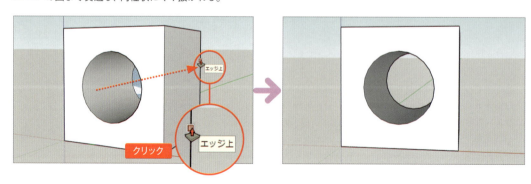

球状にくり抜く

5 立方体と球を作成する（球の作成方法は **5-1（P.192〜）** 参照）。[選択]ツールで球をトリプルクリックして選択する。

6 [移動]ツールを選択する。球の正面中央付近、任意の位置をクリックする。立方体上面の 面上 と表示される位置まで移動してクリックする。球の下半分が立方体にめり込んだ状態になる。

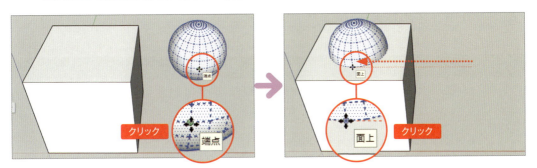

7 選択された球を右クリックし、表示されるコンテキストメニューから[面を交差]―[モデルと交差]を選択する。球と立方体が接する境界に線と面が作成される（**5-3（P.196〜）** 参照）。

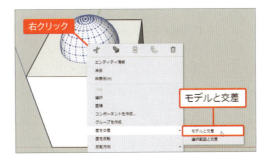

8 [選択]ツールで球の上半分をクリックして選択する。Delete キーを押して球を削除する。

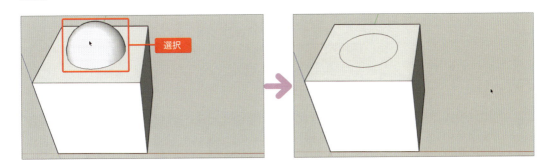

9 立方体上面に残る円を選択して削除すると、立方体が球状にくり抜かれた状態になる。

> **HINT 正面の面を削除するとわかりやすい**
> くり抜かれた状態がわかりにくい場合は、立方体正面の面を削除して見るとわかりやすい。

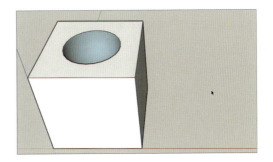

section 5-5 S字パイプを作成する

階段の手すりなど、均一の断面を持つパイプ状のモデルを作成するときは、[フォローミー]ツールを使用する。ポイントは、断面の軌跡を決める「パス」にある。S字パイプを作成する場合、S字のパスを作成し、そのパスに沿って断面を動かす。断面形状を変更すれば、角パイプやフラットバーなども作成できる。

モデルの作例ファイル「5_5_kansei.skp」は、教材データの「chapter5」フォルダに収録されています。

S字の「パス」を作成する

1. [オービット]ツールなどで正面表示にする。

2. [長方形]ツールを選択し、キーボードから「500,2000」と入力して長方形を作成する。

3. [線]ツールを選択し、長方形の上辺の 中点 と底辺の 中点 を結ぶ線を作成する。

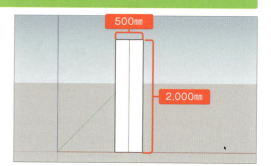

4. [2点円弧]ツールを選択する。長方形左辺の 中点 をクリックし、手順 3 で作成した線の エッジの接線 と表示される位置でクリックする。
カーソルを下方向に移動し、 半円 と表示される位置でクリックして半円を作成する。

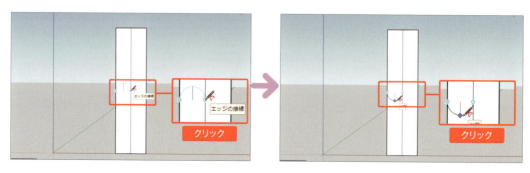

5. [2点円弧]ツールのままで長方形右辺の 中点 をクリックし、手順 3 で作成した線の エッジの接線 と表示される位置でクリックする。
カーソルを上方向に移動し、 半円 と表示される位置でクリックして手順 5 で作成した半円と逆向きの半円を作成する。これで、S字形状の線が完成する。

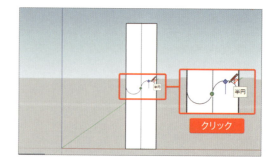

6　[選択]ツールで長方形の上側左辺が残るように交差窓選択する。Deleteキーを押して選択された面と線を削除する。

同様にして、長方形の右辺を除く下半分も削除し、手順7の図のようにS字形状の線のみが残るようにする。このS字形状が断面形状が押し出されるパスとなる。

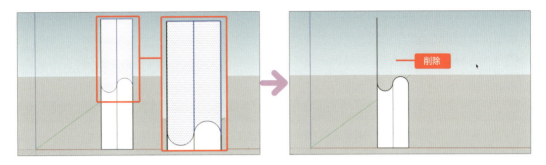

断面形状を作成し、パスに沿って動かす

7　[オービット]ツールなどで図のように地面が見える表示に変更する。
[円]ツールを選択し、S字形状の線の下端点を中心とした、半径50mmの円を作成する。

8　[選択]ツールでS字形状の線をすべて選択する。
[フォローミー]ツールを選択し、手順7で作成した円をクリックする。

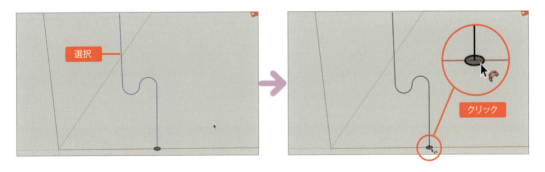

9　手順8で選択したS字形状の線に沿って円が押し出され、パイプのようなモデルが作成される。

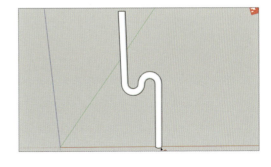

5-6 曲面に画像を貼り付ける

スムージングされた(折れ線がない)曲面に画像を貼り付ける方法を解説する。ポイントは、画像をいったんマテリアルとしてSketchUpに取り込んでから、[ペイント]ツールで画像を抽出すること。なお作業開始前に、教材データに収録されている「globe.jpg」をハードディスク上の任意の場所にコピーしておく。

> モデルの作例ファイル「5_6_kansei.skp」は、教材データの「chapter5」フォルダに収録されています。

曲面を作成する

1 [長方形]ツール選択し、任意の大きさの長方形を作成する。
[フリーハンド]ツールを選択する。始点として長方形左辺の上から右辺の上までドラッグして曲線を作成する。この曲線によって長方形が二分割される。

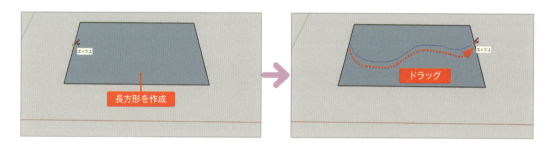

2 [プッシュ/プル]ツールを選択し、クリックして上に移動する。任意の位置でクリックして高さを与える。

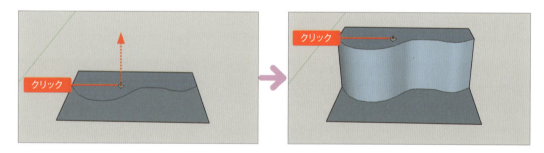

画像を取り込む

3 [長方形]ツールを選択し、手順1で作成した長方形と同程度の大きさの長方形を作成する。

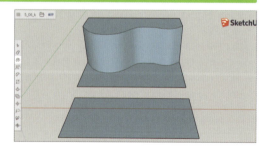

4 ［現在のモデルのファイル操作］ボタン →［挿入］を選択する。

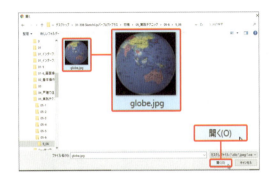

5 ［ファイルを挿入］ダイアログが表示されるので、［お使いのコンピューター］を選択する。
［開く］ダイアログが表示されるので、挿入する画像を指定する。ここでは教材データの「globe.jpg」を選択して［開く］ボタンをクリックする。

6 ［ファイルを挿入］ダイアログに戻るので、［マテリアル］ボタンをクリックする。

7 手順 5 で選択した画像が読み込まれる。手順 3 で作成した長方形の左下にカーソルを合わせ、［端点］と表示される位置でクリックする。長方形の奥の辺の［エッジ上］と表示される位置でクリックする。

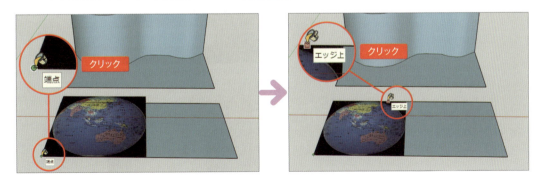

取り込んだ画像を曲面に貼り付ける

8 [ペイント]ツールを選択する。Altキーを押すとカーソルがスポイトの形状になるので、そのまま手順7で貼り付けた画像をクリックする。

9 Altキーを放すとカーソルがバケツの形状に戻る。曲面上をクリックすると、画像が貼り付けられる。曲面のエッジ(折れ線)の数(手順10参照)に応じて何度か曲面をクリックすると、画像の継ぎ目がスムーズになる。

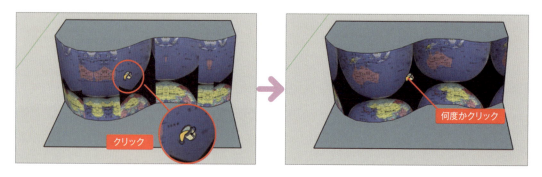

画像の尺度と位置を調整する

10 [表示]パネルを表示し、[非表示のオブジェクト]にチェックを入れる。曲面上にエッジ(折れ線)が破線で表示され、曲面が複数の面で構成されていることがわかる。これで、曲面を構成している面を個別に選択できるようになる。

11 [オービット]ツールなどで曲面の左端の面が見える表示に変更する。[選択]ツール、曲面を構成する左端の面を右クリックし、表示されるコンテキストメニューから[テクスチャ]-[位置]を選択する。

12 | マテリアルの画像全体と、青・赤・緑・黄の4色のピンが表示される。

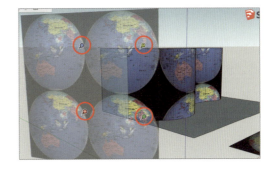

13 | 画像を目的の位置に移動する。ピン以外の任意の個所をドラッグして、地球儀の端が曲面の左端と揃うあたりの位置に画像全体を移動する。

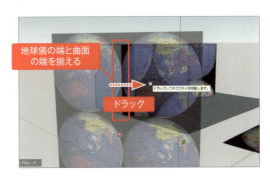

14 | 画像の大きさを変更する。緑色のピンをドラッグして、地球儀の高さが曲面の高さと揃うように大きさを変更する。

15 | 位置と大きさを調整したら、右クリックして表示されるコンテキストメニューから［完了］を選択する。

16 　∞[表示]パネルを表示して[非表示のオブジェクト]のチェックを外し、曲面上に表示されているエッジ（折れ線）を非表示にする。これで一番左端の面の位置と大きさが調整され、曲面が1枚の面として選択されるようになる。

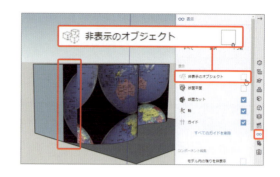

17 　画像の尺度と位置と大きさが調整されたのは、曲面を構成する面のうち一番左端の面のみなので、曲面全体が左端に合うよう調整する。
　[ペイント]ツールを選択する。Altキーを押すとカーソルがスポイトマークの形状になるので、一番左端の面をクリックする。

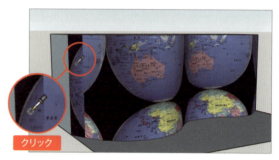

18 　Altキーを放すとカーソルがバケツの形状に戻る。左端の面以外の曲面上を何度かクリックすると、位置と大きさが調整された画像が貼り付けされる。右端の面まできれいにつながって貼り付けされたら完成となる。

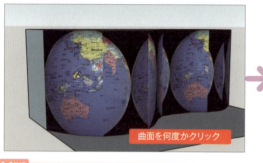
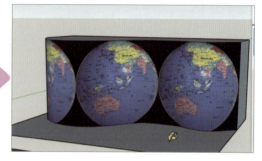

HINT 固定ピンと自由ピン

マテリアルの画像の位置や大きさは、画像を右クリックして表示されるコンテキストメニューで[テクスチャ]―[位置]を選択し（左図）、表示されるピンをドラッグで移動して調整する。青・赤・緑・黄の4色のピンが表示される「固定ピン」と、すべて白いピンで表示される「自由ピン」がある。固定ピンは、ピンごとに拡大／縮小、回転などの機能が割り当てられている。自由ピンは、ピンを自由に移動して画像を変形できる。なお、ピンが表示されているときに画像を右クリックして表示されるコンテキストメニューの[固定ピン]にチェックを入れる（右図）と固定ピンに、チェックを外すと自由ピンになる。

HINT 固定ピンによる画像の調整

固定ピンでは、ドラッグするピンの色によって、画像に加えられる変形効果が異なる。

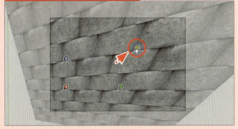

元画像

青ピン：傾斜

青ピンをドラッグすると、赤ピンと緑ピンが固定された状態になり、画像が傾斜する

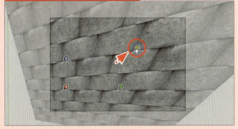

黄ピン：台形状に変形

黄ピンをドラッグすると、赤ピンと緑ピンが固定された状態になり、画像が台形状に変形する

赤ピン：移動

赤ピンをドラッグすると、画像を自由な位置に移動できる

緑ピン：尺度変更または回転

緑ピンを左右にドラッグすると、赤ピンを基点に画像の大きさが変更できる。上下にドラッグすると、画像の回転が行える

HINT 自由ピンによる画像の調整

自由ピンでは、四隅のピンをドラッグすることで画像を自由に変形できる。図のように、画像とモデルの四隅を合わせて素早くパースを揃えたいときなどに便利だ。

自由ピンをドラッグして、モデルの面（図の黒い枠）に合わせる

モデルの面（図の黒い枠）に合うように、画像の大きさや角度が調整される

5-7 直方体を面取りする

ここでは、1辺1,500㎜の立方体の角を半径500㎜の円弧で面取りする方法を紹介する。やや難しいのが、頂点部分の面取り処理だ。方法はいくつかあるが、ここでは頂点部分に球をはめ込んで面取りを作成する方法を紹介する。ポイントは、面取りラインの円弧とはめ込む球の「セグメント数」を合わせることだ。

> モデルの作例ファイル「5_7_kansei.skp」は、教材データの「chapter5」フォルダに収録されています。

面取りライン作成のための「ガイド」を作成する

1 1辺が1,500㎜の立方体を作成しておく。[メジャー]ツールを選択し、立方体の上面の左辺にカーソルを合わせ エッジ上 と表示される位置でクリックする。

2 カーソルを右方向へ移動し、キーボードから「500」と入力して Enter キーを押すと、上面の辺から500㎜離れた位置に点線のガイドが作成される。

3 同様にして、上面の下辺から500㎜離れた位置にガイドを作成する。

面取りラインを作成する

4 ❶[2点円弧]ツールを選択し、円弧の始点としてガイドと上面の左辺の 交点 をクリックし、❷円弧の終点としてガイドと上面の下辺の 交点 をクリックする。
❸カーソルを上面の下辺に沿って左に移動し、 エッジの接線 と表示される位置でクリックすると、面取りラインとなる半径500㎜の円弧（1/4円）が作成される。

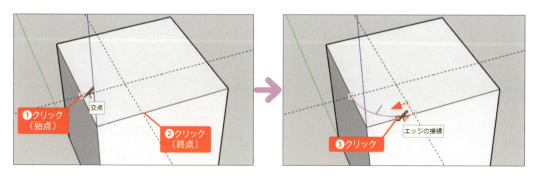

面取りラインに沿って面取りする

5 [プッシュ／プル]ツールを選択し、面取りする面をクリックする。
カーソルを下へ移動し、オフセットの限度 -1500mm と表示される位置でクリックすると、面取りされる。

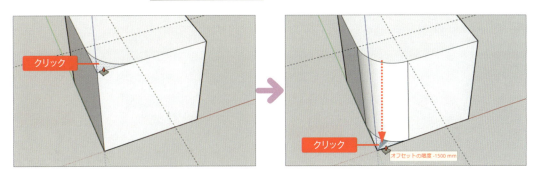

面取りラインを作成して面取りする

6 [オービット]ツールで図のように隣の角が手前に来る表示に変更する。手順 1 ～ 2 と同様にして上面の左辺から500mm離れた位置にガイドを作成する。続けて手順 4 と同様にして [2点円弧]ツールで面取りラインを作成する。手順 5 と同様にして [プッシュ／プル]ツールで面取りする面を オフセットの限度 -1000mm と表示される位置まで押し込むようにカーソルを移動して面取りする。

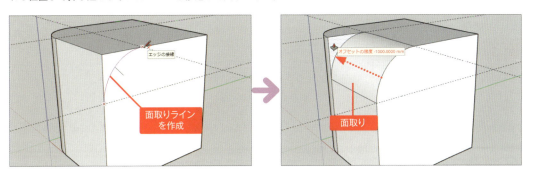

7 [オービット]ツールで図のような表示に変更し、手順 6 と同様にして面取りする。

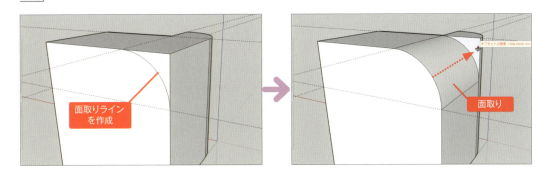

頂点部分を削除する

8 ⊕[オービット]ツールで手順5で最初に面取りした角が見える表示に変更する。[選択]ツールで手順5で作成した円弧をクリックして選択する。⊕[移動]ツールを選択し、円弧の[端点]をクリックする。カーソルを下へ移動し、面取りラインとの交点の[端点]と表示される位置でクリックする。Escキーを押して、選択を解除する。

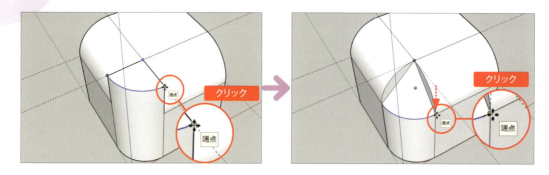

9 [選択]ツールでShiftキーを押しながら面取りの交差部分の面とエッジをクリックして選択する。Deleteキーを押すと、頂点部分が削除される。

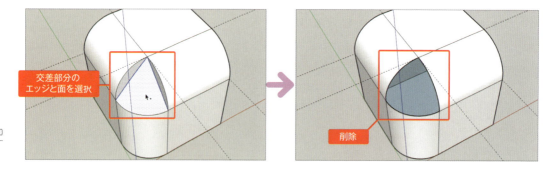

頂点部分のセグメント（分割）数を確認する

10 ∞[表示]パネルを表示し、[非表示のオブジェクト]にチェックを入れて、曲面を構成している線（隠しジオメトリ）を表示する。

11 　[選択]ツールで削除した部分（球をはめ込む場所）の円弧を1本だけクリックして選択する。選択した円弧を右クリックし、表示されるコンテキストメニューから[エンティティ情報]を選択する。

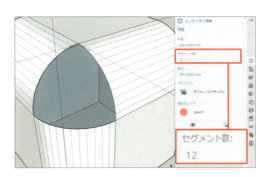

12 　表示される[エンティティ情報]パネルで、円弧の[セグメント数]を確認する。ここでは、「12」と表示されている。

HINT 円は短い線の集合体

SketchUpでは、円は複数の短い線分で構成される。円弧のセグメント数とは、円弧を構成している線分の数のことである。ここで選択した円弧（1/4円）は12本の線分で構成されていることを示している。

はめ込む球をモデリングする

13 　[オービット]ツールなどで図形のない部分を表示する。作業がしやすいように、[表示]パネル—[ガイド]のチェックを外し、ガイドを非表示にする。

14 　[円]ツールを選択し、キーボードから円のセグメント数「48」を入力して Enter キーを押す。任意の大きさの円を作成する。この円は球を作成するときのパスになる（5-1（P.192）参照）。

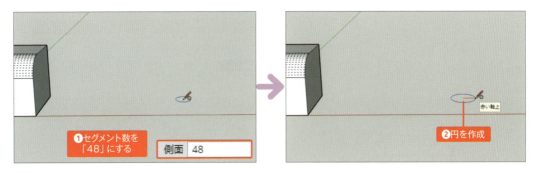

15 ◎[円]ツールのまま、手順 14 で作成した円の 中央 と表示される位置にカーソルを合わせ（クリックしない）、青軸方向上へカーソルを移動する。カーソルの円が緑色で表示される任意の位置でクリックし、半径500mmの円を作成する。

16 ①[選択]ツールで手順 14 で作成したパスとなる円の円周をクリックして選択する。②[フォローミー]ツールを選択して、手順 15 で作成した円をクリックすると、球が作成される。

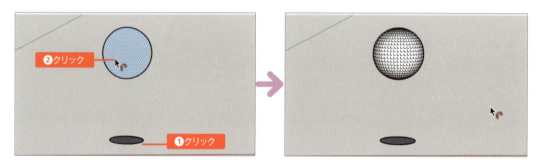

> **HINT 面を表面にしておく**
> 作成した球の面が、白でなくブルーグレー（裏面）になっているときは面を反転して表面にする必要がある。[選択]ツールで球をトリプルクリックして選択し、右クリックして表示されるコンテキストメニューから［面を反転］を選択すると、面が反転して表面になる。

球をカットして、頂点部分と同じ1/8サイズにする

17 [ビュー]パネル―[平行投影]―[前面ビュー]を選択し、図のような表示にする。

18 [選択]ツールで球の下半分を交差窓選択で選択し、Delete キーを押して削除すると、半球になる。

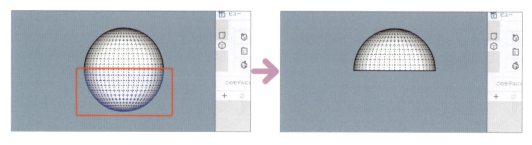

19 半球の右半分を交差窓選択で選択し、 Delete キーを押して削除すると、1/4球になる。
同様にして[ビュー]パネル ―[平行投影]―[左側ビュー]を選択し、1/4球の左半分を削除する。

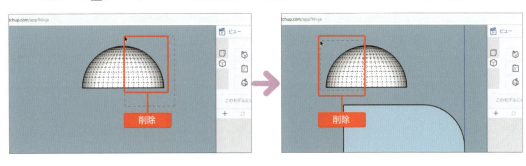

20 [ビュー]パネル ―[遠近法]のいずれかのビューを選択して表示を変更すると、球が1/8にカットされたことがわかる。

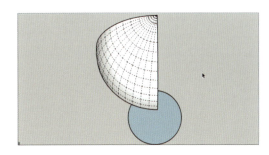

頂点部分に1/8球をはめ込む

21 ❶[選択]ツールで1/8球をトリプルクリックして選択する。❷[移動]ツールを選択し、球の 端点 と表示される位置でクリックする。

22 立方体の削除した部分の頂点、端点 と表示される位置でクリックする。球が立方体の頂点にはめ込まれる。

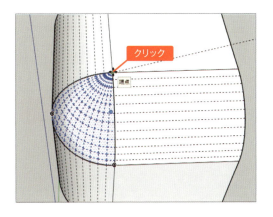

不要な線をスムージングする

23 [表示]パネルを表示し、[非表示のオブジェクト]のチェックを外す。曲面を構成している線（隠しジオメトリ）が非表示となる。

24 [消しゴム]ツールを選択し、Ctrl キーを押しながら面取り部分の線をクリックすると、線が非表示になり、面がスムージングされる。ガイドやパスにした円などの不要な図形を削除する。面取りが完成した。

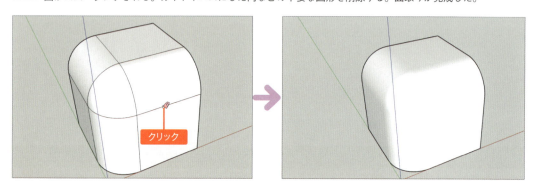

HINT [フォローミー]ツールで面取りをするときは「穴」に注意

ここで解説した手順ではなく、[フォローミー]ツールを使えば簡単に面取りできるのでは、と考えた人もいるかもしれない。試しに手順6で作成した面取りラインを直方体上面の外周（パス）に沿って立体化すると、左図のように一見面取りできたように見える。しかし、右図のように直方体の頂点部を拡大すると、正しく交差処理されておらず、穴が開いていることがわかる。

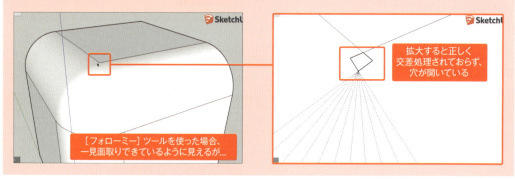

section 5-8 厚みのない壁に窓を作成する

ここでは、壁に厚みがない場合の窓の作成方法を解説する。ポイントは、窓をコンポーネント化しておくこと。窓をコンポーネントにするとコピーや移動の際に選択しやすく、窓のサイズや形が変更されたときの修正が容易になる。

モデルの作例ファイル「5_8_kansei.skp」は、教材データの「chapter5」フォルダに収録されています。

壁を作成する

1 [長方形]ツールを選択し、幅6,000㎜、奥行き6,000㎜、高さ3,000㎜の直方体を作成する。

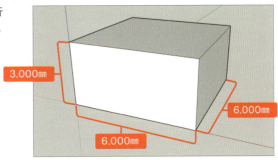

窓の外形線を作成する

2 [長方形]ツールを選択し、壁正面の任意の位置をクリックする。カーソルを右上に移動し、キーボードから「600,600」と入力して Enter キーを押す。窓の外形線となる正方形が作成される。

窓部分を凹ませる

3 [プッシュ／プル]ツールを選択し、手順2で作成した正方形をクリックする。カーソルを奥に移動し、キーボードから「50」と入力して Enter キーを押す。正方形の面が50㎜奥に凹む。

オフセットで窓枠を作成する

4 [オフセット]ツールを選択し、正方形の面をクリックする。カーソルを面の内側へ移動し、キーボードから「50」と入力して Enter キーを押す。正方形の面が50mmオフセットされる。

窓と窓枠にマテリアルを適用する

5 ❶ [ペイント]ツールを選択し、表示される [マテリアル]パネルの[参照]―[色]―[色 M04]を選択する。
❷ 手順 4 で作成した窓枠の内部をクリックして[色 M04]を適用する。

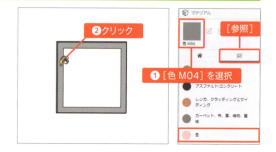

6 続けて、❶ [ガラスと鏡]―[半透明_ガラス_空の反射]を選択する。
❷ ガラス部分をクリックして[半透明_ガラス_空の反射]を適用する。窓部分が半透明になり、向こう側が透けて見える。

作成した窓をコンポーネントにする

7 [選択]ツールで窓部分を窓選択する。
選択した窓を右クリックし、表示されるコンテキストメニューから[コンポーネントを作成]を選択する。

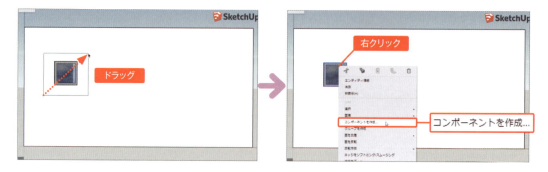

8 ［コンポーネントを作成］ダイアログが表示される。［定義］に名前（ここでは「窓1」）を入力する。
［Glue to:］に［Any］（SketchUp Proでは、［貼り付け］に［任意］）を選択する。
［Cut opening］（SketchUp Proでは、［開口部を作成する］と［選択内容をコンポーネントに置換する］）にチェックを入れ、［OK］ボタンをクリックする。

9 コンポーネントが作成されるが、図のように壁が塞がった状態になってしまう。これは、［Cut opening］が反映されていないSketchUp Freeのバグ（不具合）と思われる（2019年6月現在）。
開口を作成するため、まず ［コンポーネント］パネル ─ ［モデル内］ ─ ［窓1］の右側にある［＞］をクリックして展開する。

10 ［Cut opening］を確認するとチェックが入っていない。チェックを入れると、壁に開口ができる。

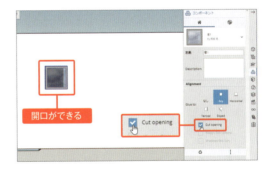

コンポーネント化した窓を配置する

11 ［コンポーネント］パネルの［窓1］の名前の部分をクリックして選択すると、カーソルに窓コンポーネントが仮表示される。壁面に作成済みの窓の右下にカーソルを合わせてから（クリックしない）、右の 点から軸方向 に移動する。

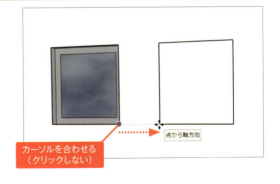

12 任意の位置をクリックすると窓コンポーネントが配置される。同時に壁面に開口が作成され、窓の向こう側が透けて見える。

13 窓をコンポーネントにしておくと、一方の窓の大きさや形を変更するだけで同じ窓コンポーネントすべてに変更が反映される。

HINT 窓をコンポーネントにしておくと移動／コピーが便利

窓をコンポーネントにしておくと、自動的に開口が作成されるので移動やコピーがしやすい。配置した窓を移動すると窓に追従して壁面に開口が作成され、移動前に窓があった場所の開口は塞がって元の壁に戻る。

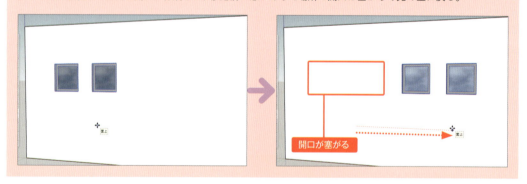

5-9 寄棟屋根を作成する

直方体の建物から寄棟屋根を作成するのはさほど難しくないが、実際には単純な直方体ではない建物のほうが多い。直方体でない建物の寄棟屋根を作成する場合は、[フォローミー] ツールで屋根全体を覆うような図形を作成することがポイントとなる。

> モデルの作例ファイル「5_9_kansei.skp」は、教材データの「chapter5」フォルダに収録されています。

建物形状を作成する

1 [長方形] ツールを選択し、幅10,000㎜、奥行き20,000㎜、高さ6,000㎜の直方体を作成する。

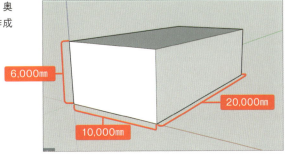

2 ❶ [線] ツールを選択し、直方体右側面の上辺の 中点 をクリックする。❷ カーソルを下へ移動し、下辺の 中点 をクリックする。
❸ [プッシュ/プル] ツールを選択し、右半分の面を2,000㎜奥に押し込む。建物本体が完成する。

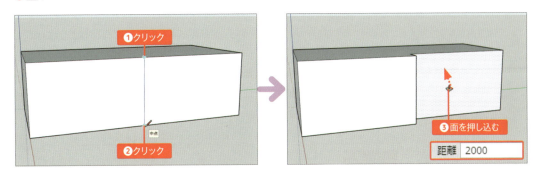

屋根の勾配線を作成する

3 図のように建物の正面を表示する。[長方形] ツールを選択し、幅7,000㎜、高さ100㎜の長方形を作成する。

4 　❶[選択]ツールで手順③で作成した長方形を選択する。❶[回転]ツールを選択し、分度器のマークが緑色で表示されることを確認して、回転の原点として長方形の左下の頂点をクリックする。
❷カーソルを右へ移動し、長方形右下の頂点をクリックして回転の軸を決定する。
❸カーソルを上へ移動すると、❶で指示した頂点を原点として長方形が回転する。キーボードから「4：10」と入力して Enter キーを押し、4寸勾配（水平方向に1,000mm進むと400mm上がる勾配）にする。

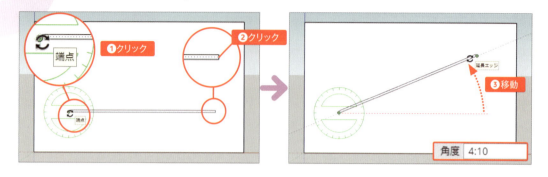

5 　❶[線]ツールを選択し、長方形の左下頂点をクリックする。
❷ エッジ上 と表示される位置にカーソルを合わせ（クリックしない）、キーボードから「500」と入力して Enter キーを押す。線が分割され、左下頂点から500mm離れた位置に 端点 ができる。

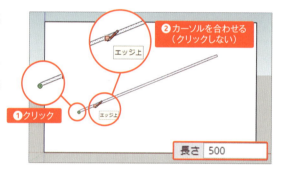

6 　長方形を選択したままの状態で、[移動]ツールを選択する。移動の基点として、手順⑤で作成した 端点 をクリックする。
建物正面の左上頂点の 端点 と表示される位置をクリックして、長方形を移動する。

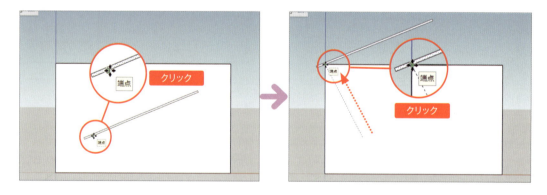

フォローミーの基になる図形を作成する

7 [線]ツールを選択し、建物正面の上辺の 中点 をクリックする。
青い軸と平行に上方向へカーソルを移動し、屋根となる長方形の上辺との交点、 エッジ上 と表示される位置をクリックする。

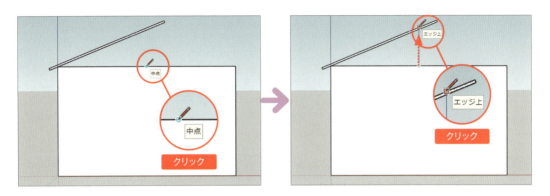

8 [選択]ツールで不要な線を選択し、 Delete キーを押して削除し、右図のような形状にする。

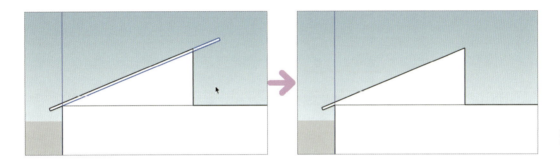

[フォローミー]ツールで屋根を作成する

9 [オービット]ツールで建物上面が見える表示にする。❶ [選択]ツールで建物の上面をクリックして選択する。
❷ [フォローミー]ツールを選択し、手順 8 で完成した屋根部材面をクリックすると、❶で選択した建物上面の外形線をなぞるように立体化される。

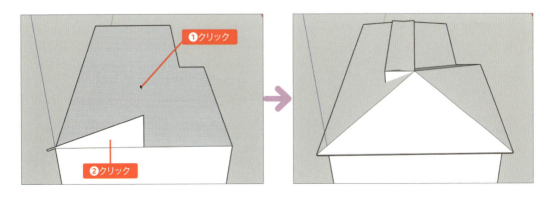

10 建物の正面を表示する。[選択]ツールで屋根部分を窓選択する。

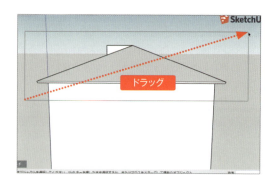

11 屋根上面が見える表示に変更する。手順10で選択した図形上で右クリックし、表示されるコンテキストメニューから[面を交差]—[選択範囲と交差]を選択する。交差している部分に線が作成される。

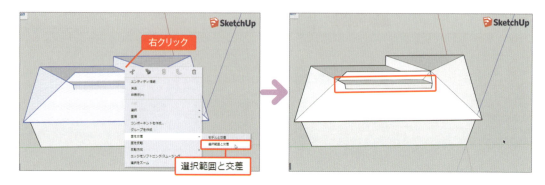

12 [選択]ツールで不要な線を選択し、Deleteキーを押して削除する。寄棟屋根が完成する。

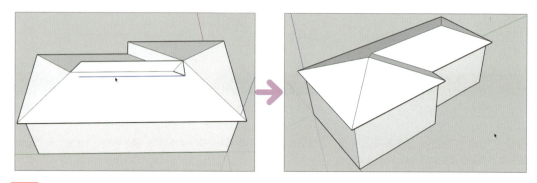

HINT 建物内部にも不要な線がある

建物の内部のモデリングを行う場合は、屋根面のうち1つの面を非表示にして、内部の不要な線を削除しておく。

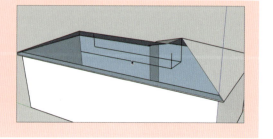

section 5-10 切妻屋根を作成する

「**5-9 寄棟屋根を作成する**」で使用したものと同じ形状の建物を例に、切妻屋根のつくり方を解説する。一見、寄棟屋根より簡単そうに見えるが、軒先やけらばの部分を伸ばしたり、棟のすき間を埋めたりといった処理を一つひとつ行う必要があるので、中級者向けといえる。

 モデルの作例ファイル「5_10_kansei.skp」は、教材データの「chapter5」フォルダに収録されています。

建物形状を作成する

1 5-9（P.219）の手順 1 ～ 3 と同様にして、図のような建物形状を作成する。

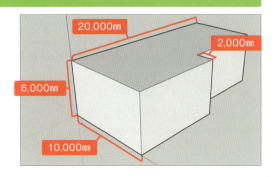

2 [オービット]ツールで建物上面が見える表示にする。[線]ツールを選択し、建物正面上の手前の辺の 中点 をクリックする。
緑の軸と平行にカーソルを移動し、奥の辺との交点となる エッジ上 と表示される位置をクリックする。

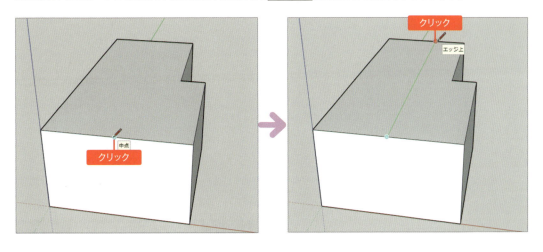

3 [選択]ツールで手順 **2** で作成した線を選択する。[移動]ツールを選択し、選択した線の手前側のをクリックする。

キーボードの↑キーを押し、線の移動方向を青軸に拘束する。カーソルを上（青軸）方向に移動し、キーボードから「2000」と入力して Enter キーを押すと、4寸勾配になる。しかし、自動フォールディング機能（**HINT**参照）で作成された右半分の屋根の勾配が不適切なので修正が必要だ。

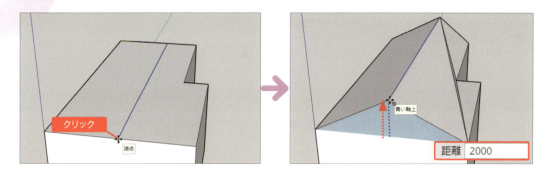

HINT 自動フォールディング機能

点や線を移動してオブジェクトを変形しようとするとき、面の整合性を保つため自動的に面に折り目をつくる機能を「自動フォールディング機能」と呼ぶ。

屋根のコンポーネントを作成する

4 [選択]ツールで屋根の左側の面をダブルクリックして、屋根面と面の辺を選択する。

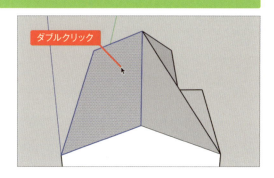

5 選択した面を右クリックし、表示されるコンテキストメニューから［コンポーネントを作成］を選択する。
表示される［コンポーネントを作成］ダイアログの［定義］に名前（ここでは「屋根」）を入力して［OK］ボタンをクリックする。

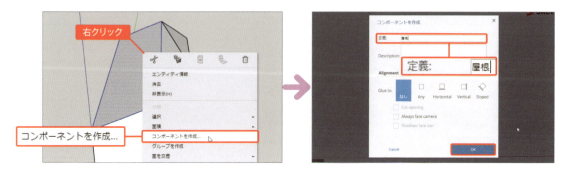

6 「屋根」コンポーネントが作成されるので、[選択]ツールでコンポーネントをダブルクリックしてコンポーネント編集モードにする。

[プッシュ／プル]ツールを選択し、屋根面をクリックしてカーソルを上へ移動する。キーボードから「100」と入力して Enter キーを押すと、屋根の厚みが100mmになる。[選択]ツールでコンポーネントの外をクリックしてコンポーネント編集モードを終了する。

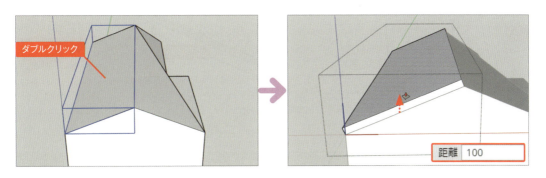

屋根のコンポーネントを反転させる

7 [選択]ツールで「屋根」コンポーネントを選択する。[移動]ツールを選択し、Ctrl キーを押してコピーモードにする。

基点として任意の位置をクリックし、カーソルを赤軸右方向に移動して任意の位置をクリックする。「屋根」コンポーネントがコピーされる。

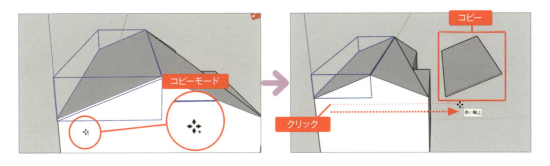

8 コピーした「屋根」コンポーネントが選択状態のまま[尺度]ツールを選択すると、周囲にグリップが表示される。左面の中央のグリップをクリックし、キーボードから「-1」と入力して Enter キーを押す。コピーした「屋根」コンポーネントが鏡像反転される。

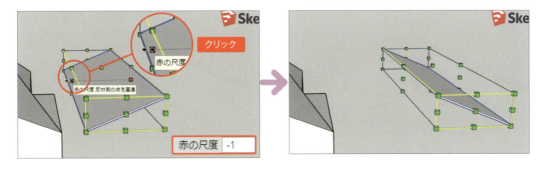

9 [移動]ツールを選択し、鏡像反転した屋根の左下頂点の 端点 in 屋根 と表示される位置をクリックする。左側屋根の右下頂点の 端点 in 屋根 と表示される位置をクリックする。鏡像反転した屋根が移動する。

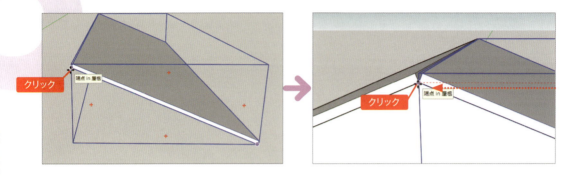

屋根のすき間を埋める

10 [選択]ツールで右側の「屋根」コンポーネントをダブルクリックしてコンポーネント編集モードにする。
[線]ツールを選択し、右側屋根の左下頂点の 端点 アクティブなジオメトリ外 と表示される位置をクリックする。カーソルを青軸上方向に移動し、 青い軸上 アクティブなジオメトリ外 と表示される任意の位置をクリックする。垂直線が作成される。

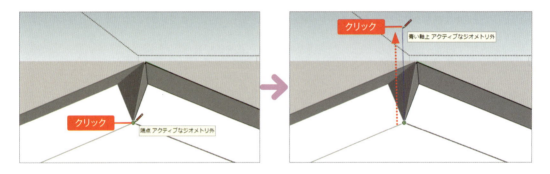

11 再度 [線]ツールを選択し、右側屋根の左上頂点の 端点 と表示される位置をクリックする。カーソルを屋根の傾きと同じ角度で左に移動する。ピンク色の線が表示される状態で、手順 10 で作成した垂直線の エッジ上 と表示される点（この点が屋根の頂点となる）をクリックする。面が作成される。

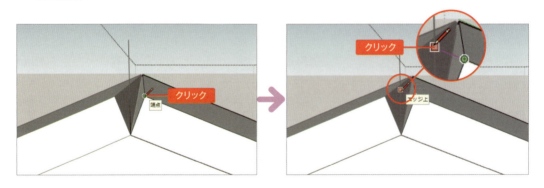

12 ❶ [選択]ツールで図に示した右側屋根上部の辺をクリックして選択する。
❷ [移動]ツールを選択し、右側屋根の左上頂点の 端点 と表示される位置をクリックする。
❸ 屋根の頂点の 端点 と表示される位置をクリックする。

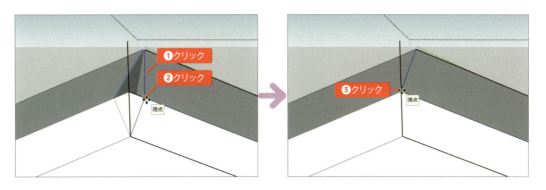

13 手順 10 で作成した垂直線は不要なので削除する。コンポーネントの外をクリックしてコンポーネント編集モードを終了すると、左側の「屋根」コンポーネントにも変更が反映されていることがわかる。これで左右の屋根が接続される。

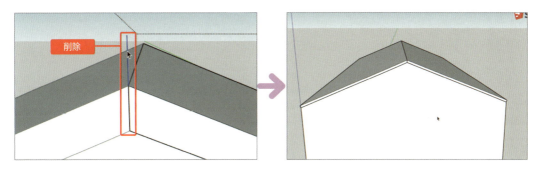

右側の屋根を建物形状に合わせる

14 [選択]ツールで右側の「屋根」コンポーネントを選択し、右クリックして表示されるコンテキストメニューから[固有にする]を選択する。選択したコンポーネントが「屋根#1」コンポーネントとして固有化される。

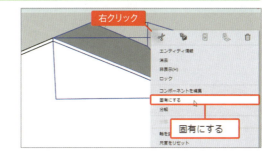

HINT コンポーネントを固有にする

コンポーネントを[固有にする]と、独立した別の名前のコンポーネント（ここでは、「屋根#1」）として追加登録される。これによって、同じ名前だったコンポーネント（ここでは、「屋根」のコンポーネント）に変更が反映されなくなる。

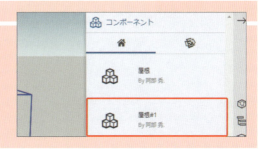

15 [オービット]ツールで建物の裏面が手前に見える表示に変更する。[選択]ツールで「屋根#1」コンポーネントをダブルクリックして、コンポーネント編集モードにする。

16 [プッシュ/プル]ツールを選択し、屋根の手前の面をクリックする。奥側にカーソルを移動し、建物の突き出した面の 面上 アクティブなジオメトリ外 と表示される任意の位置をクリックする。

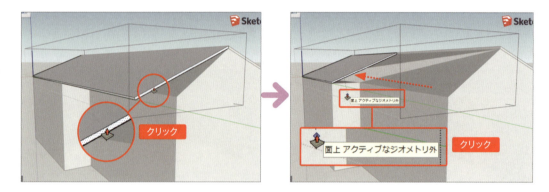

17 [ズーム]ツールで屋根の手前の面がある建物の凹み部分を拡大する。[線]ツールを選択し、建物の凹み部分の 端点 アクティブなジオメトリ外 と表示される位置でクリックする。
カーソルを青軸上方向へ移動し、屋根との交点の エッジ上 と表示される位置でクリックする。垂直線が作成される。

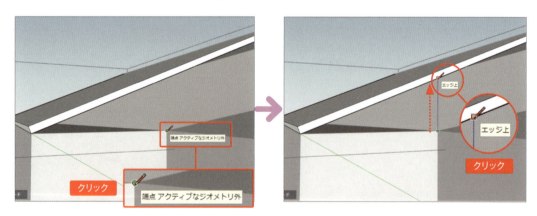

18 屋根の軒先の辺をコピーする。[選択]ツールで屋根に軒先の辺をクリックして選択する。[移動]ツールを選択し、Ctrl キーを押してコピーモードにする。軒先の下端の 端点 アクティブなジオメトリ外 と表示される位置でクリックする。
手順 17 で作成した垂直線の 端点 をクリックすると、屋根の断面に線がコピーされ、屋根の手前の面が2分割される。

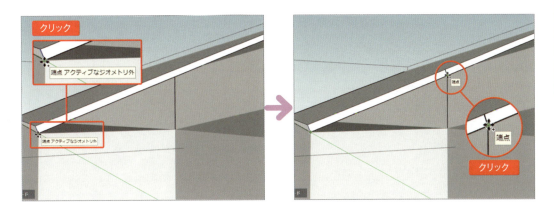

19 手順 17 で作成した垂直線は不要なので削除する。

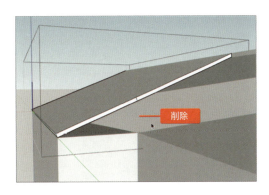

20 [プッシュ／プル]ツールを選択し、手順 18 で2分割された屋根の手前の面のうち、右側の面をクリックする。カーソルを手前方向へ移動し、建物裏面の 面上 アクティブなジオメトリ外 と表示される位置でクリックする。

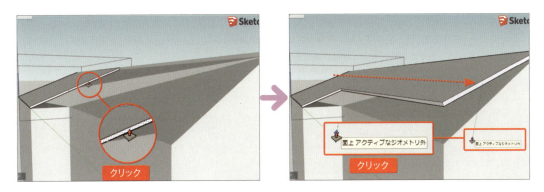

21 ❶ [選択]ツールでコンポーネントの外をクリックしてコンポーネント編集モードを終了する。❶ [移動]ツールを選択し、建物裏面の左上頂点の 端点 をクリックする。
❷ カーソルを上へ移動し、 端点 in 屋根#1 と表示される位置でクリックする。

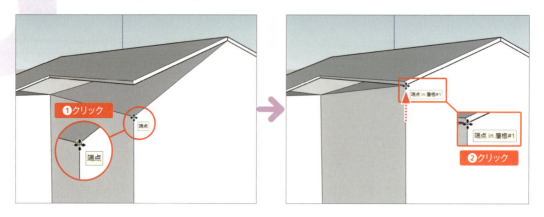

22 ❶ [移動]ツールのまま、図に示した 端点 をクリックする。
❷ カーソルを上へ移動し、 端点 in 屋根 と表示される位置でクリックする。これで屋根と建物のすき間が埋まる。

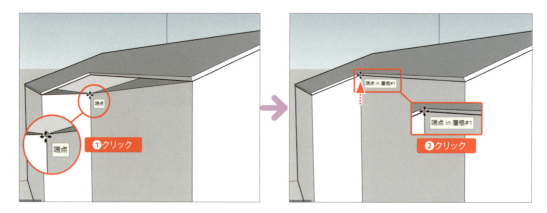

23 [オービット]ツールで上から見下ろす表示に変更する。[選択]ツールで「屋根」「屋根#1」の2つのコンポーネントを選択し、右クリックして表示されるコンテキストメニューから[非表示]を選択する。「屋根」「屋根#1」コンポーネントが非表示となり、屋根に重なっている面が現れる。

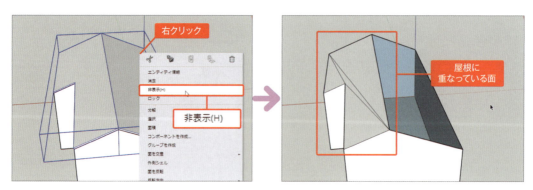

24 屋根に重なった面を削除する。

HINT 重なった面は削除しておく

面同士が重なっていると、ジャギー（ギザギザ）が目立つため、不要な面は削除しておく。

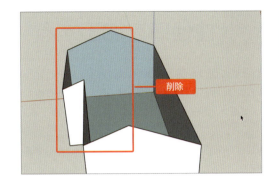

25 ∞［表示］パネルを表示して［すべて］をクリックし、「屋根」「屋根#1」コンポーネントを再表示する。これで屋根の形状が整う。

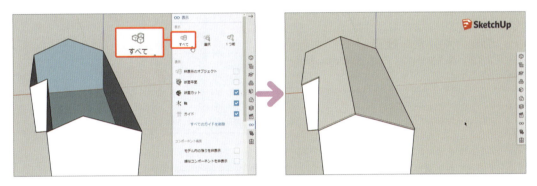

軒先などを500mm伸ばす

26 ［選択］ツールで「屋根」コンポーネントをダブルクリックしてコンポーネント編集モードにする。［プッシュ／プル］ツールで屋根の手前の面をクリックしてカーソルを手前へ移動し、キーボードから「500」と入力して Enter キーを押す。屋根の手前の面が500mm伸びる。
同様にして、屋根の軒先や裏側の面も500mmずつ伸ばす。「屋根#1」コンポーネントの軒先や手前と裏側の面も500mm伸ばす。

27 コンポーネントの外をクリックしてコンポーネント編集モードを終了すると、切妻屋根が完成する。

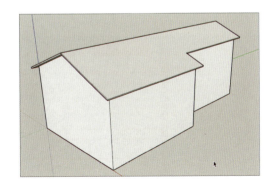

5-11 柱仕口を加工する

柱と梁の仕口が斜めの場合、線の角度を手計算しながら「ほぞ」「ほぞ穴」を加工するより、柱と梁を先に接合し、接合部を見ながら加工するほうがわかりやすい。柱と梁など、部材ごとにコンポーネントを作成し、組み立て用コンポーネントとは別に、加工用コンポーネントを用意しておくと編集が容易だ。

> モデルの作例ファイル「5_11_kansei.skp」は、教材データの「chapter5」フォルダに収録されています。

柱を作成する

1 ❶ [長方形] ツールを選択し、120mm四方の正方形を作成する。
[プッシュ/プル] ツールを選択し、正方形を上方向に2,000mm持ち上げ、直方体の柱にする。
❷ [移動] ツールを選択し、Ctrl キーを押してコピーモードにする。柱を赤軸に沿って右方向500mm離れた位置にコピーする。

2 作業中に柱の別をわかりやすくするために、[ペイント] ツールを選択して左側の柱を任意の色（ここでは、[色D07]）で着色する。

柱をコンポーネントにする

3 [選択] ツールで左側の柱をトリプルクリックして選択する。左側の柱を右クリックして表示されるコンテキストメニューから [コンポーネントを作成] を選択する。
表示される [コンポーネントを作成] ダイアログで、[定義] に「部材A」と入力して [OK] ボタンをクリックする。

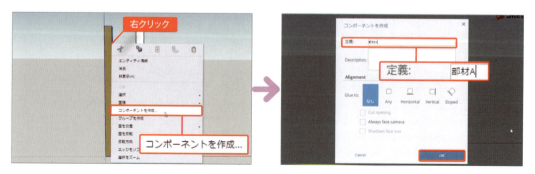

4 | 手順3と同様にして、右側の柱も「部材B」コンポーネントにする。

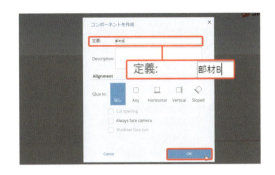

5 | [選択]ツールで Shift キーを押しながら部材Aと部材Bをクリックして選択する。
[移動]ツールを選択し、Ctrl キーを押してコピーモードにする。赤軸に沿って右方向に2,000mm離れた位置にコピーし、これらを加工用のコンポーネント「部材A'」「部材B'」と呼ぶ。

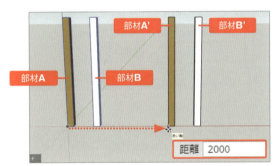

部材A'を回転させる

6 | ❶ [選択]ツールで手順5でコピーした部材A'をクリックして選択する。
❷ [回転]ツールを選択し、カーソルの分度器マークが緑色になっていることを確認する。部材A'の左下の 端点原点 in 部材A' と表示される位置をクリックする。

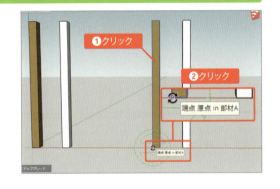

7 | カーソルを赤軸に沿って左へ移動し、赤い軸上 と表示される任意の位置でクリックする。
カーソルを上へ移動し、キーボードから「10:4」と入力して Enter キーを押す。部材A'が回転し、4寸勾配の角度になる。

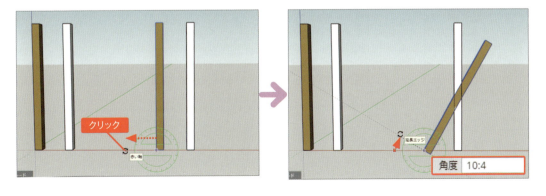

部材A'を屋根の高さに移動する

8 [移動]ツールを選択し、部材A'と部材B'の交点の 交点 in 部材 A' と表示される位置でクリックする。
カーソルを上へ移動し、部材B'の左上頂点の 端点 in 部材 B' と表示される位置でクリックすると、頂部に部材A'が移動する。

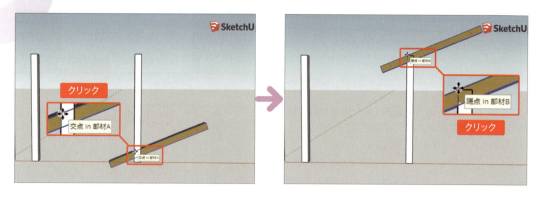

ほぞの加工範囲を決める

9 [選択]ツールで部材B'をダブルクリックしてコンポーネント編集モードにする。

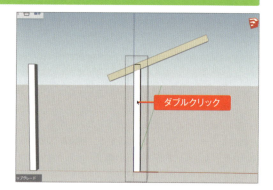

10 [線]ツールを選択し、部材A'と部材B'の接合部の交点2カ所をクリックし、互いを結ぶように線を作成する。

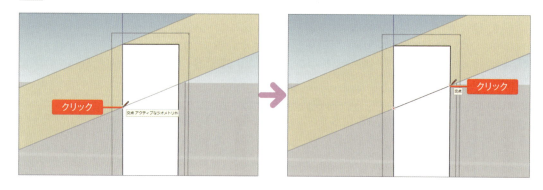

11 手順 10 と同様にして裏側の面にも線を作成する。コンポーネントの外をクリックし、表示されるコンテキストメニューから［コンポーネントを閉じる］を選択してコンポーネント編集モードを終了する。

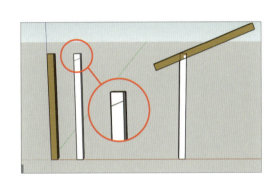

> **HINT 計算せずに斜め線を作成できる**
>
> 柱と梁の仕口を個別に作成し、後で接合しようとすると、こうした斜めの線もすべて寸法や角度を計算して作成しなければならない。この方法であれば、接合部を見ながら交点をつなぐだけで柱と梁の仕口が作成できる。

12 全体が見える表示に変更すると、部材**B**の同じ位置にも線が作成されていることがわかる。

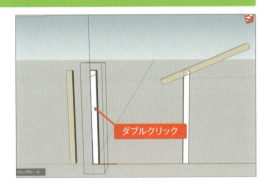

ほぞを加工する

13 ［選択］ツールで部材**B**をダブルクリックしてコンポーネント編集モードにする。

14 部材**B**の上面が見える表示に変更する。部材**B**の上面の左辺を右クリックし、表示されるコンテキストメニューから［分割］を選択する。
カーソルを上面の左辺に沿うように移動し、 3個のセグメント と表示される位置でクリックすると線が3等分される。

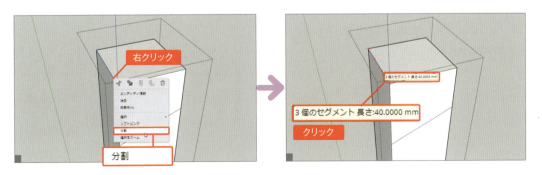

15 [プッシュ／プル]ツールを選択し、斜線より上側の面をクリックする。
カーソルを奥へ移動し、3分割した線の1つめの[端点]をクリックして、面を40mm（120mmの1/3）押し込む。

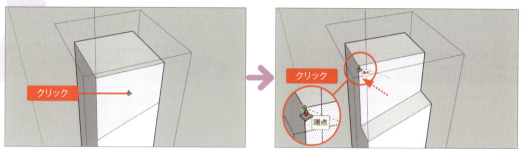

16 手順15と同様にして、裏面も40mm押し込む。

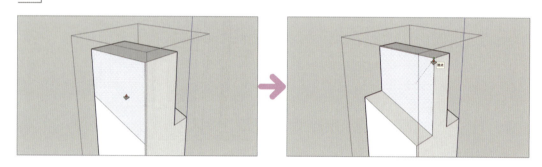

17 上面を50mm下に押し下げると、ほぞが完成する。コンポーネントの外をクリックしてコンポーネント編集モードを終了する。

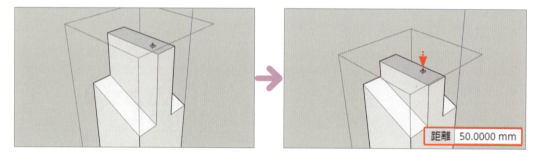

X線表示でほぞを確認する

18 全体が見える表示に変更する。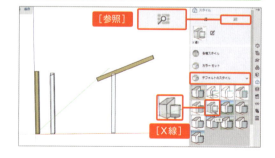[スタイル]パネル―[参照]―[デフォルトのスタイル]―[X線]をクリックすると表面が透過表示になりモデル内部の線が見えるようになる。

ほぞをコピーして部材Aにほぞ穴を作成する

19 [選択]ツールで部材**B'**をダブルクリックしてコンポーネント編集モードにする。ほぞが含まれるように窓選択する。
選択状態のオブジェクトを右クリックし、表示されるコンテキストメニューから［コピー］を選択する。

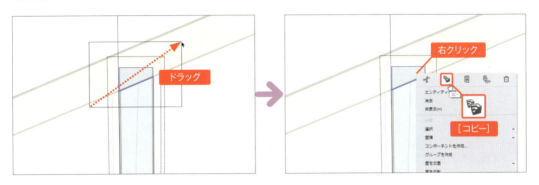

20 [選択]ツールで部材**A'**をダブルクリックしてコンポーネント編集モードにする。
右クリックして表示されるコンテキストメニューから［所定の位置に貼り付け］を選択する。
手順19でコピーしたほぞが部材Aに貼り付けられる。これを基にほぞ穴を作成する。コンポーネントの外をクリックし、コンポーネント編集モードを終了する。

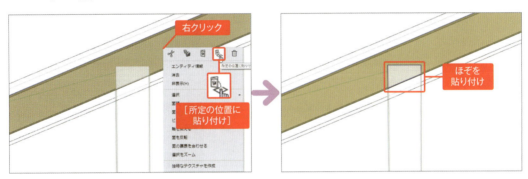

21 部材Aにもほぞが反映されていることを確認する。

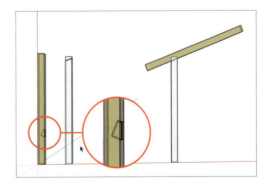

ほぞ穴を仕上げる

22 [選択]ツールで部材**A**をダブルクリックしてコンポーネント編集モードにする。

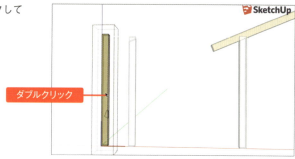

23 ほぞをコピーした部材**A**の右側面が見える表示に変更する。[線]ツールを選択し、図に示した2カ所の 端点 をクリックして、ほぞ穴の上の線を作成する。

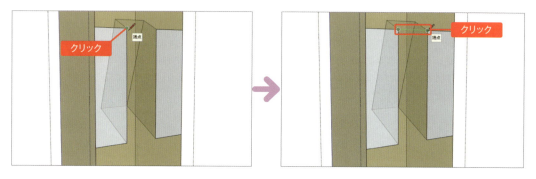

24 手順23と同様にして、ほぞ穴の下の線を作成する。

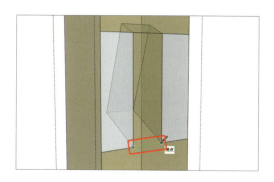

25 [選択]ツールで Shift キーを押しながらほぞ穴以外の線をクリックして選択し、 Delete キーを押して削除する。

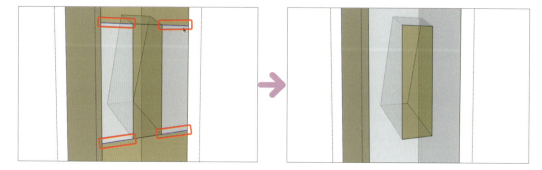

26 ほぞ穴の面をクリックして選択し、Delete キーを押して削除する。

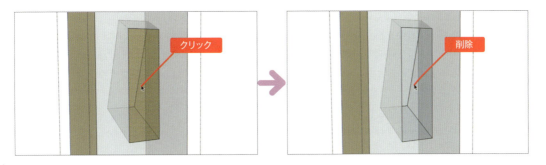

27 [ペイント]ツールを選択し、新しく作成されたほぞ穴の外側の面に柱の色（ここでは、[色D07]）で着色する。[選択]ツールでコンポーネントの外をクリックしてコンポーネント編集モードを終了する。

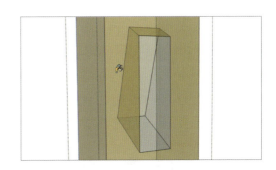

28 全体が見える表示に変更する。[スタイル]パネル—[モデル内]—[Default Modeling Style]を選択して、X線表示から通常の表示に戻す。柱と梁の仕口が完成する。

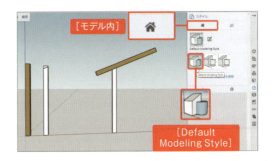

HINT さまざまな仕口の形状に応用できる

ここでのポイントは、柱と梁の各部材をコンポーネントにしておき、実際に交差させる組み立て用コンポーネントのほかに、加工用コンポーネントを用意しておくことだ。これにより、柱や梁を組み立てたあとでも、図のようないくつもの部材が交差した複雑な部分の変更が容易に行える。

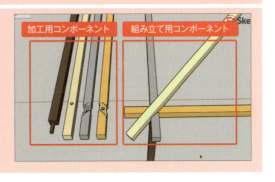

5-12 影の動きをシミュレーションする

SketchUpでは、場所と日時を指定して影を表示できる。これをシーン機能（4-4-3（P.187）参照）と組み合わせると、ある場所における時間の経過による影の動きをアニメーションにできる。例えば、建物の影が近隣にどのような影響をおよぼすのかといったシミュレーションに最適だ。ここでは、ある地点での午前8時から午後4時までの影の動きをアニメーションで表示する手順を解説する。

> サンプルファイル「5_12.skp」およびモデルの作例ファイル「5_12_kansei.skp」は、教材データの「chapter5」フォルダに収録されています。

場所を設定する

1 サンプルファイルの「5_12.skp」を開き、［モデル/環境設定を開く］ボタンをクリックする。左側のメニューから［場所を追加］を選択する。

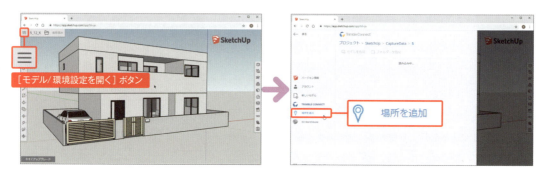

2 右側に地図が表示されるので、目的地をキーワードで検索するか、マウス操作で拡大／縮小、移動するなどして、目的地付近を表示する。なお、キーワードは英語で入力したほうが検索結果が表示されやすい。

3 目的地が表示されたら、［地域を選択］ボタンをクリックする。地図上にピンが表示される。ピンをドラッグして取り込む範囲（明るく通常表示されている部分）を調整する。範囲が決まったら［取得］ボタンをクリックする。

4 描画領域に戻り、手順 3 で指定した範囲の地図データが取り込まれる。これで影を表示する場所が設定された。

5 🗇[レイヤー]パネルを表示する。レイヤ「Location Snapshot」の表示／非表示マーク（目のアイコン）をクリックすると、地図が非表示になる。

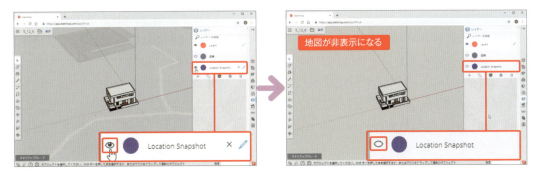

影を表示する

6 ∞[表示]パネルを表示し、[影オン]にチェックを入れるとモデルの影が表示される。

7 [時刻]のスライドバーをドラッグして移動すると、設定時刻が変更されて影の長さと向きが変わる。ここでは、「8:00 AM」に設定する。

シーンを追加する

8 [ビュー] パネルを表示し、[シーンを追加] ボタンをクリックする。
[シーン1] が追加されるので、右の [>] をクリックして展開し、シーンのプロパティを表示する。[カメラの位置] と [表示レイヤ] のチェックを外す。これで [シーン1] が設定された。

9 [表示] パネルを表示し、[時刻] を「4：00 PM」に設定する。影の向きが変わる。

10 [ビュー] パネルを表示する。[シーンを追加] ボタンをクリックすると、[シーン2] が追加される。
手順 **8** と同様にして、シーンのプロパティの [カメラの位置] と [表示レイヤ] のチェックを外す。これで [シーン2] が設定がされた。

 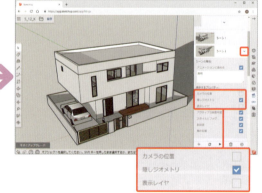

時間の経過による影の移り変わりをシミュレーションする

11 ［シーンのアニメーションを再生します］ボタンをクリックすると、午前8時から午後4時までの時間の経過による影の移り変わりがアニメーションで表現される。

12 アニメーションが再生されている状態のまま、［ビュー］パネルを表示し、［トップビュー］をクリックする。上面からの表示になり、影の変化がわかりやすくなる。
［シーンのアニメーションを停止します］ボタンをクリックしてアニメーションを停止する。

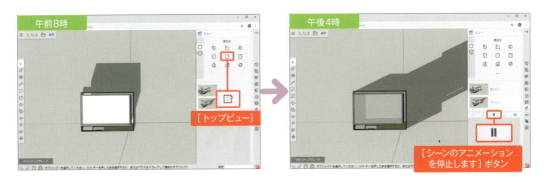

13 ［レイヤー］パネルを表示し、レイヤ「近隣」の表示／非表示マーク（目のアイコン）をクリックしてレイヤを表示する。あらかじめSketchUpに用意されている近隣建物のモデルが表示される。
［ビュー］パネルを表示し、［シーンのアニメーションを再生します］ボタンをクリックすると、近隣建物への影の影響をシミュレーションできる。

5-13 直階段を作成する

木造住宅用の直階段（ストレート階段）の作成方法を解説する。ポイントは、「分割」機能を利用して壁の高さから蹴上げ寸法を割り出すことと、段板の1つをコンポーネントにして段割りをした後に各段を細かくつくり込んでいくことだ。

> サンプルファイル「5_13.skp」およびモデルの作例ファイル「5_13_kansei.skp」は、教材データの「chapter5」フォルダに収録されています。

建物本体と段板の基を作成する

1 [長方形]ツールと[プッシュ/プル]ツールを使用して、幅2,000mm、奥行き4,000mm、高さ3,000mmの直方体を作成する。
[選択]ツールと Delete キーを使用し、3つの面を削除して図のような形状にする。教材データの「5_13.skp」は、ここまで作成した状態である。

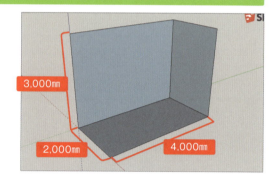

2 [長方形]ツールを選択し、図で示した位置に幅1,000mm、奥行き250mmの長方形を作成する。これが段板の基となる。

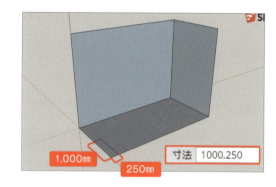

蹴上げ寸法を決める

3 [選択]ツールで壁の左側の線を右クリックして表示されるコンテキストメニューから[分割]を選択する。壁の左側の線上でカーソルを移動し、 16個のセグメント と表示される位置でクリックする。

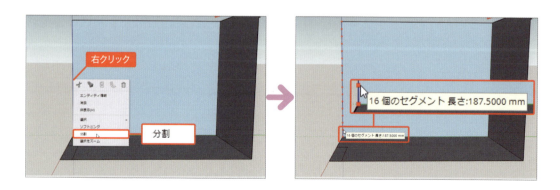

段板をコピーする

4 [ズーム]ツールで床面の左端を拡大する。
❶ [選択]ツールで手順2で作成した段板の面をクリックして選択する。
❷ [移動]ツールを選択し、Ctrl キーを押してコピーモードにする。コピーの基点として壁左下の[端点]をクリックする。

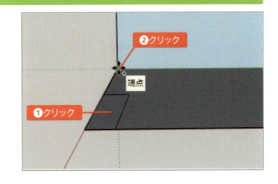

5 カーソルを上に移動し、手順3で作成した分割点のうち、下から1番目の点をクリックすると、段板がコピーされる。

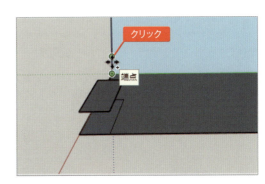

段板をコンポーネントにする

6 [選択]ツールで手順5でコピーした段板をダブルクリックして選択する。
選択した段板を右クリックし、表示されるコンテキストメニューから[コンポーネントを作成]を選択する。表示される[コンポーネントを作成]ダイアログの[定義]に名前(ここでは「段板」)を入力して[OK]ボタンをクリックする。段板がコンポーネントになる。

段板を15個連続コピーする

7 ❶ [選択]ツールで手順 6 で作成した段板の
コンポーネントをクリックして選択する。
❷ [移動]ツールを選択し、Ctrl キーを押してコピー
モードにする。コピーの基点として、手順 2 で作成し
た段板左手前の 端点 をクリックする。

8 手順 7 で選択した段板のコンポーネントのコピー先として、1段目の段板右手前の 端点 in 段板 と表示される
位置でクリックする。右斜め上に1個の段板がコピーされる。
続けてキーボードから「15x」と入力して Enter キーを押すと、段板が15個連続コピーされる。

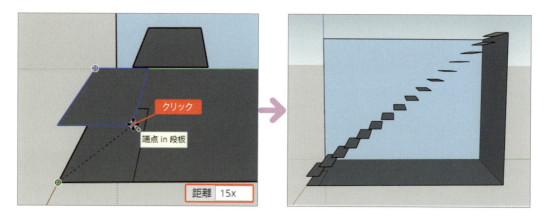

段板に厚みを付ける

9 [選択]ツールで段板のいずれか1つをダブルクリックしてコンポーネント編集モードにする。
[プッシュ／プル]ツールを選択し、段板の面をクリックしてカーソルを下へ移動する。キーボードから「30」
と入力して Enter キーを押すと、段板に厚みが付き、同時にほかの段板にも厚みが反映される。コンポーネントの外
をクリックしてコンポーネント編集モードを終了する。

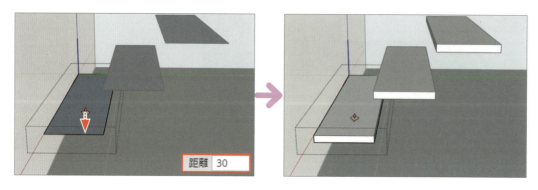

側板（上半分）を作成する

10 [線]ツールを選択し、手順 5 で作成した最下段の段板の左上頂点と、最上段の段板の左上頂点を結ぶ斜線を作成する。

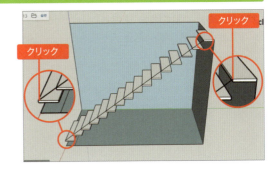

11 [ズーム]ツールで階段の最上段の部分を拡大表示し、[選択]ツールで手順 10 で作成した斜線を選択する。[移動]ツールを選択し、Ctrl キーを押してコピーモードにする。コピーの基点として斜線の端点の 端点 in 段板 と表示される位置でクリックする。

斜線に対して垂直上方向にカーソルを移動する。エッジに垂直 と表示されたら、キーボードから「30」と入力して Enter キーを押す。斜線から垂直方向に30mm離れた位置にコピーされる。

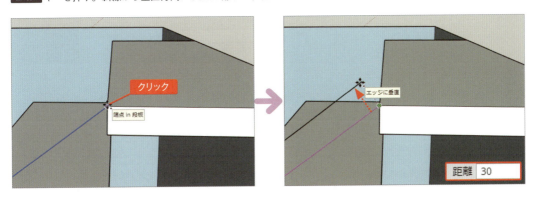

HINT エッジに垂直 が表示されない場合

エッジに垂直 と表示されないときは、表示を変更するか、いったんコピー元の斜線にカーソルを合わせて エッジ上 と表示させてからもう一度垂直方向にカーソルを移動する。

12 手順 11 でコピーした斜線が選択状態であることを確認し、再度 Ctrl キーを押してコピーモードにする。
コピーした斜線の 端点 をクリックする。

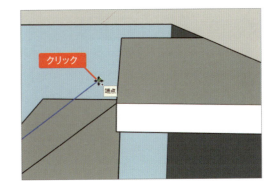

13 斜線に対して垂直下方向にカーソルを移動する。[エッジに垂直]と表示されたら、キーボードから「250」と入力してEnterキーを押す。斜線から垂直方向に250mm離れた位置にコピーされる。

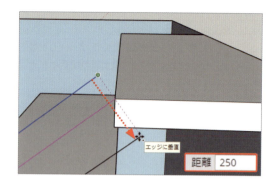

14 [線]ツールを選択し、最上段の段板側面の上辺に沿って線を作成する。

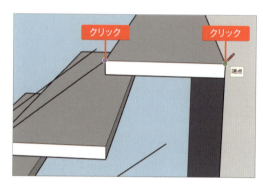

15 手順14で作成した線が選択状態であることを確認する。[移動]ツールを選択し、Ctrlキーを押してコピーモードにする。コピーの基点として、手順14で作成した線の[端点 in 段板]をクリックする。
カーソルを上へ移動し、[青い軸上]と表示されたらキーボードから「30」と入力してEnterキーを押す。線から上に30mm離れた位置にコピーされる。

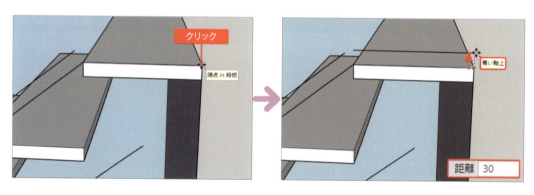

16 手順12～13と同様にして、手順15で作成した線を下に250mm離れた位置にコピーする。

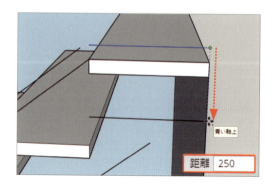

17 [選択]ツールと Delete キーまたは[消しゴム]ツールで、左図に示した手順⑩と⑭で作成した線、および手順⑬で作成した線と手順⑯で作成した線が交差してできた不要な部分を削除する。

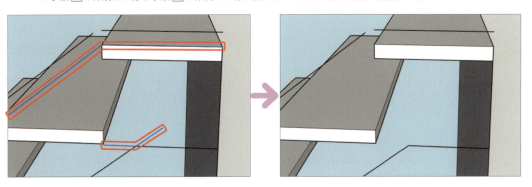

側板の線をつなげる

18 [線]ツールを選択し、手順⑪で作成した斜めの線の[端点]をクリックする。
そのまま斜線をなぞるようにカーソルを下に移動し、[エッジ上]と表示させる（クリックしない）。

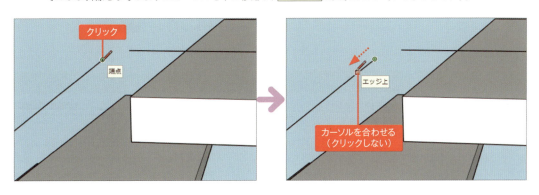

19 手順⑮で作成した水平線の端点にカーソルを合わせ、[端点]と表示させる（クリックしない）。
左にカーソルを移動し、[点から軸方向]と表示される位置（斜線と水平線の交点）でクリックすると、線が作成される。

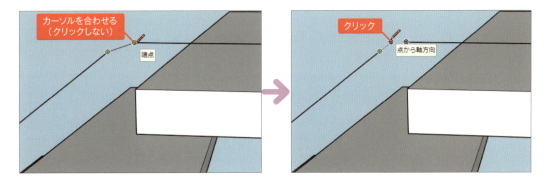

20 そのまま水平線の 端点 をクリックすると、線が つながる。Esc キーを押して [線]ツールを いったん終了する。

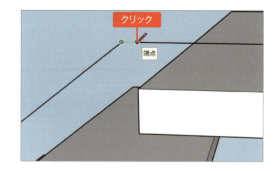

21 再度 [線]ツールを選択し、図のように上下2 本の水平線の右端点を結ぶ線を作成する。

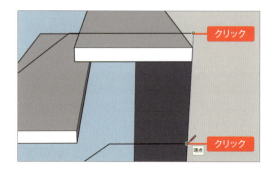

側板（下半分）を作成する

22 [パン表示]ツールで最下段の段板のあたりを 表示する。 [線]ツールを選択し、手順 5 で 作成した最下段の段板の左上頂点から、手順 2 で作成 した段板の基となる長方形の左手前の頂点までを結ぶ 垂直線を作成する。

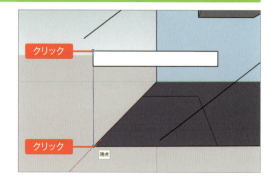

23 手順 11 ～ 13 と同様にして、手順 22 で作成した線を左側に30mm離れた位置にコピーし、さらにそこから右側に 250mm離れた位置にコピーする。

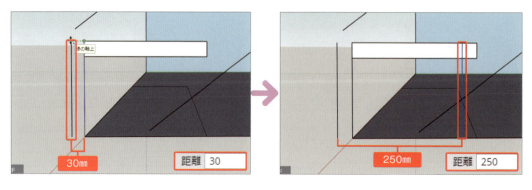

24 | 手順 18 〜 20 と同様にして、[線]ツールで斜線と垂直線を結ぶ。

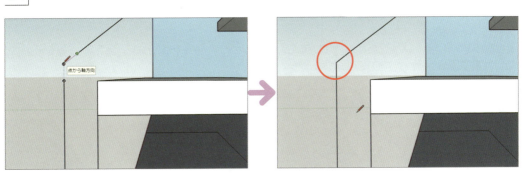

25 | 手順 17 と同様にして、[選択]ツールと Delete キーまたは[消しゴム]ツールで左図に示した不要な線を削除する。

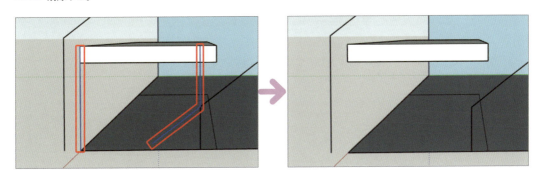

26 | [線]ツールで手順 23 で作成した2本の垂直線の下端点を結ぶと、面が作成される。これが側板となる。

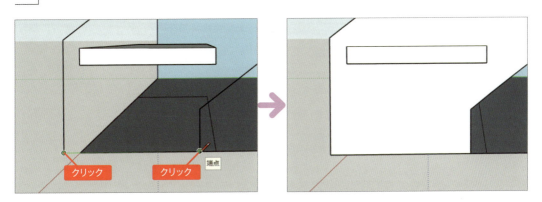

27 | [選択]ツールで手順 26 で作成した側板をダブルクリックして選択する。側板を右クリックして表示されるコンテキストメニューから[グループを作成]を選択すると、側板がグループ化される。

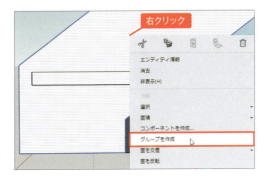

側板に厚みを付ける

28 [オービット]ツールで側板を斜めから見る表示に変更する。[選択]ツールで側板をダブルクリックして、グループ編集モードにする。
[プッシュ/プル]ツールを選択する。側板の面をクリックしてカーソルを手前に移動し、キーボードから「30」と入力して Enter キーを押す。側板に30mmの厚みが付く。

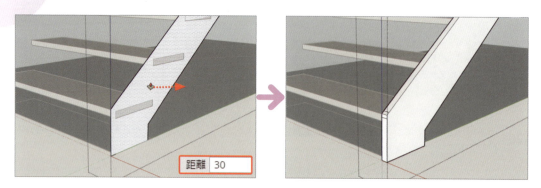

29 厚みを付けたことにより、図のように側板の屈曲部に4本の不要な線が追加されるので削除する。
[選択]ツールでグループの外をクリックして、グループ編集モードを終了する。

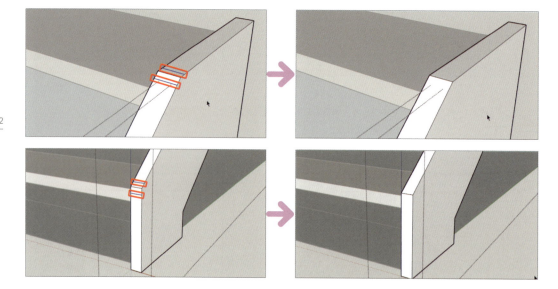

側板を反対側にコピーする

30 [オービット]ツールや[パン表示]ツールなどで最下段の段板あたりを表示する。
❶ [選択]ツールで側板をクリックして選択する。
❷ [移動]ツールを選択し、Ctrl キーを押してコピーモードにする。図に示した側板の右手前頂点の 端点 グループ内 と表示される位置をクリックする。

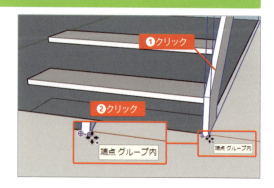

31 最下段の段板の右下頂点にカーソルを合わせ、端点 in 段板 と表示させる（クリックしない）。左右の側板が平行になるようにカーソルを赤軸下方向に移動し、点から軸方向 と表示される位置でクリックする。側板がコピーされる。

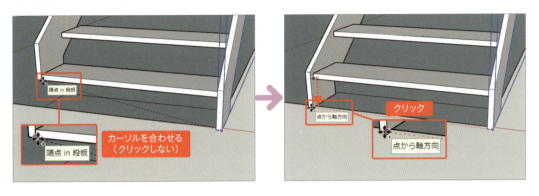

32 手順 2 で作成した長方形の線など不要な線を削除する。直階段が完成する。

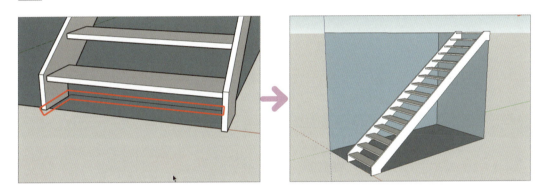

HINT コンポーネントだからデザイン変更もラク

段板はコンポーネントなので、1つの段板に対して加えた変更が、自動的にすべての段板に反映される。例えば、図のように後から蹴込み板を追加するといったデザイン変更も容易に行える。

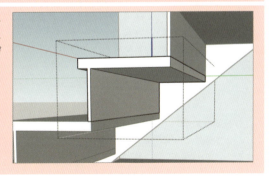

section 5-14 L字階段を作成する

前節「5-13 直階段を作成する」で解説した直階段の応用として、途中で90度折れ曲がるL字階段の作成方法を解説する。段板や側板の作成手順は直階段と同じだが、折れ曲がった部分の側板を作成する際に、4つの段板を別の場所にコピーしておくことがポイントだ。

> サンプルファイル「5_14.skp」およびモデルの作例ファイル「5_14_kansei.skp」は、教材データの「chapter5」フォルダに収録されています。

直階段を作成する

1 前節「5-13 直階段を作成する」の手順 1 〜 8 （P.244〜246）と同様にして、幅1,000mm、奥行き250mm、厚み30mmの段板16個からなる直階段を作成する。図のように、奥の壁と床以外は削除する。教材データの「5_14.skp」はここまで作成したファイルとなっている。

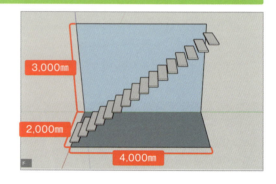

4つの段板を90度回転してL字にする

2 [ズーム]ツールで一番上の4つの段板あたりを表示する。❶[選択]ツールで Shift キーを押しながら上から4つの段板をクリックして選択する。❷[回転]ツールを選択する。カーソルに青色の分度器マークが表示されていることを確認する。回転の基点として上から4段目の段板の左奥頂点の 端点 原点 in 段板 と表示される位置をクリックする。❸ 上から4段目の段板の左手前頂点の 端点 in 段板 と表示される位置をクリックする。

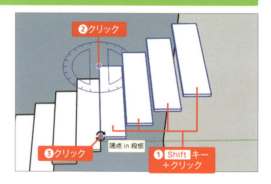

3 分度器マークに沿って反時計回りに90度カーソルを移動し、 緑の軸上 表示される位置でクリックする。4つの段板が90度回転する。

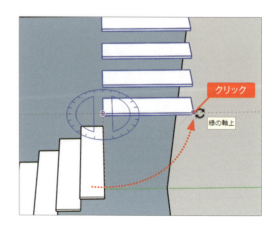

4つの段板を5段目の段板(踊り場)に合わせて移動する

4 4つの段板が選択されたままの状態で [移動] ツールを選択し、手順 2 の ❷ と同じ位置をクリックする。

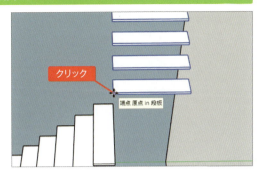

5 踊り場となる上から5段目の段板の左奥頂点にカーソルを合わせ(クリックしない)、 端点 原点 in 段板 と表示させる。

そのまま上にカーソルを移動すると 点から軸方向 と表示される。そのままカーソルを上に移動し、1段分上がったあたりの位置で 緑の軸上 を示す緑色の破線が表示されたらクリックする。選択を解除すると、4つの段板の位置が踊り場に合わせて移動される。

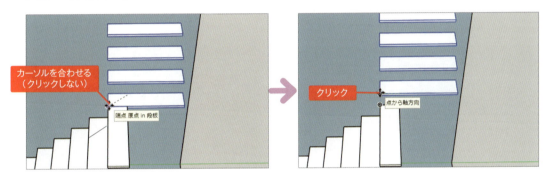

5段目の大きさを変更し、踊り場にする

6 [選択]ツールで踊り場となる上から5段目の段板を右クリックし、表示されるコンテキストメニューから[固有にする]を選択する。

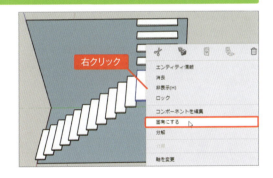

HINT コンポーネントのうち1つだけを編集する

複数あるコンポーネントのうち1つだけを個別に編集したい場合、そのコンポーネントを「固有」にする。固有化したコンポーネントは、別のコンポーネントとして定義され、編集を加えてもほかのコンポーネントに影響を与えることはない。

7　手順 6 で固有化した、上から5番目の段板をダブルクリックしてコンポーネント編集モードにする。[プッシュ／プル]ツールを選択し、段板の側面をクリックする。
上から4段目の段板の右下頂点の 端点 アクティブなジオメトリ外 と表示される位置でクリックすると、幅が広がって踊り場になる。コンポーネントの外をクリックしてコンポーネント編集モードを終了する。

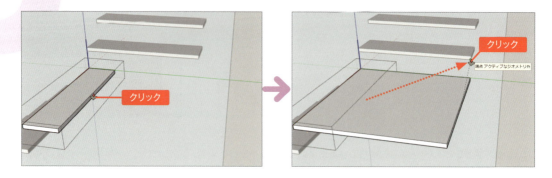

側板を作成する

8　前節「5-13 直階段を作成する」の手順 10 〜 27（P.247〜251）と同様にして、[移動]ツールや[線]ツールを使用し、図に示した寸法で側板を作成する。

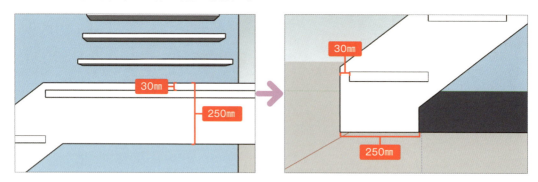

9　[選択]ツールで側板をダブルクリックして全体を選択する。
選択した側板を右クリックし、表示されるコンテキストメニューから[グループを作成]を選択してグループ化する。

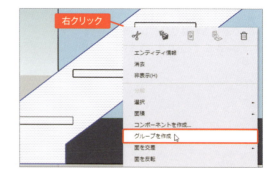

HINT 「グループ」で図形を選択しやすくする

複数の図形をグループ化しておくと、一部をクリックするだけで全体を選択できるようになる。段板と違って大量にコピーすることはないので、この場合はコンポーネントにするよりグループのほうが使い勝手がよい。

側板に厚みを付ける

10 [オービット]ツールや[パン表示]ツールなどで階段の下のあたりを表示する。[選択]ツールで側板をダブルクリックして、グループ編集モードにする。
[プッシュ／プル]ツールを選択する。側板の面をクリックしてカーソルを手前に移動し、キーボードから「30」と入力してEnterキーを押す。側板に30mmの厚みが付く。

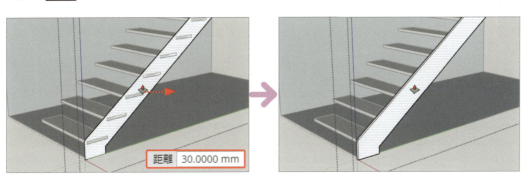

11 厚みを付けたことにより、図のように側板の屈曲部分に4本の不要な線が追加されるので削除する。[選択]ツールでグループの外をクリックしてグループ編集モードを終了する。

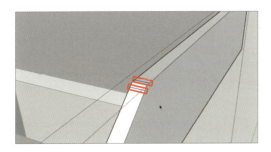
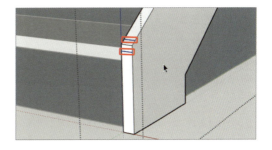

側板を反対側にコピーする

12 [オービット]ツールや[パン表示]ツールなどで最下段の段板あたりを表示する。❶ [選択]ツールで側板をクリックして選択する。
[移動]ツールを選択し、Ctrlキーを押してコピーモードにする。❷ 図に示した側板の右手前頂点の[端点 グループ内]と表示される位置をクリックする。

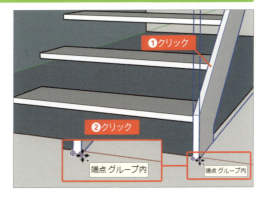

13 前節「**5-13 直階段を作成する**」の手順 30 ～ 31（P.252 ～ 253）と同様にして、側板を反対側にコピーする。

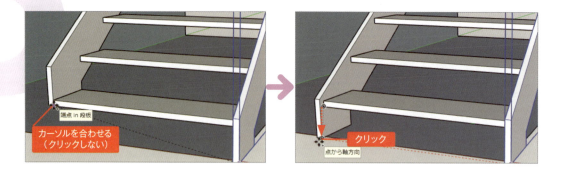

踊り場の裏側の側板を作成する

14 [オービット]ツールや [パン表示]ツールなどで踊り場の裏側を表示する。[長方形]ツールを選択し、図に示したように左右の側板がすべて含まれる長方形を作成する。

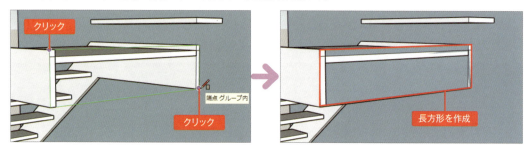

15 [選択]ツールで手順 14 で作成した長方形の面をダブルクリックして全体を選択する。長方形の面を右クリックし、表示されるコンテキストメニューから[グループを作成]を選択する。

16 [選択]ツールでグループ化した長方形をダブルクリックして、グループ編集モードにする。
 [プッシュ／プル]ツールを選択する。長方形の面をクリックしてカーソルを手前に移動し、キーボードから「30」と入力して Enter キーを押す。側板に30mmの厚みが付く。[選択]ツールでグループの外をクリックしてグループ編集モードを終了する。

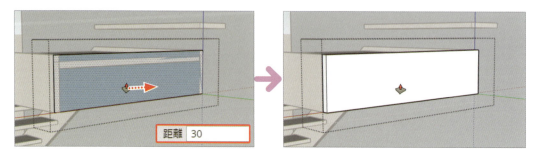

4段分の側板を作成する

17 [オービット]ツールや[ズーム]ツールなどでモデル全体が見える表示にする。[選択]ツールで Shift キーを押しながら下から4つの段板と左側の側板をクリックして選択する。
[移動]ツールを選択し、Ctrl キーを押してコピーモードにする。選択されている段板と側板を任意の位置にコピーする。これを基に上から4段分の側板を作成する。

18 まず、不要な側板上部を削除するための線を作成する。[ズーム]ツールでコピーした最上段の段板あたりを表示する。[選択]ツールで側板をダブルクリックしてグループ編集モードにする。[移動]ツールを選択し、一番上の段板と側板の境目をなぞって線を作成する。

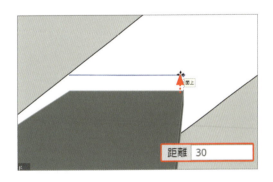

19 [選択]ツールで手順 18 で作成した線をクリックして選択する。[移動]ツールを選択する。線の 端点 をクリックして上方向に移動し、 面上 と表示される位置でキーボードから「30」と入力して Enter キーを押す。段板から30mm離れた位置に線が移動する。

20 手順 18 〜 19 と同様にして、段板右側と側板の境目に線を作成し、段板から右に30mm離れた位置に移動する。

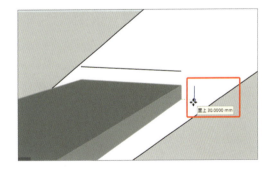

21 ✏️ [線]ツールを選択し、手順 19 と手順 20 で作成した2本の線をつなげる。前節「**5-13 直階段を作成する**」の手順 18 〜 20（P.249〜250）と同様にして、2本の線の交点までの線を作成する。

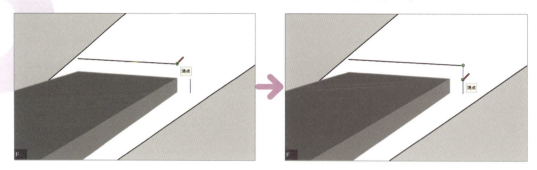

22 2本の線の交点から側板の上下の線（ エッジ上 と表示される位置）までそれぞれ線を作成する。

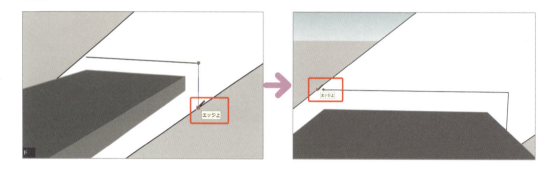

23 🖐 [プッシュ／プル]ツールを選択し、側板の上部の不要な面をクリックして奥へ移動する。 面上 と表示される位置でクリックする。

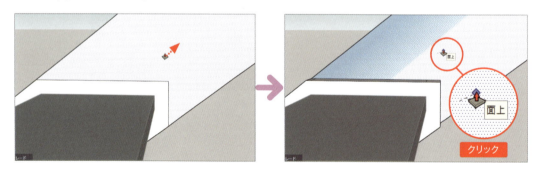

24 押し込んだ面が削除され、側板の不要な部分がなくなった。

4段分の側板を右側にコピーする

25 [オービット]ツールや[ズーム]ツールなどで階段が図のように見える表示に変更する。[選択]ツールで側板をクリックして選択する。[移動]ツールを選択し、Ctrlキーを押してコピーモードにする。側板の左下手前頂点の 端点 グループ内 と表示される位置をクリックする。
前節「**5-13 直階段を作成する**」の手順 30 〜 31 （P.252〜253）と同様にして、側板を右側にコピーする。

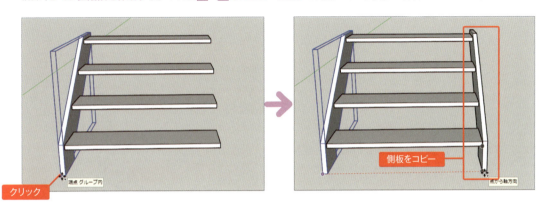

4段分の段板と側板を90度回転させる

26 [オービット]ツールで図のように側板を斜めから見る表示に変更する。[選択]ツールで4段分の段板と側板をすべて選択する。
[回転]ツールを選択する。カーソルに青色の分度器マークが表示されている状態で、回転の基点として右側の側板の右下手前頂点の 端点 グループ内 と表示される位置をクリックする。

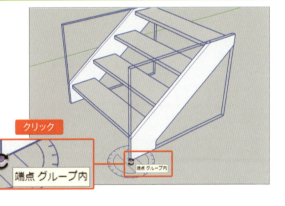

27 左側側板の右下手前頂点の 上の制約 線 点から軸方向 と表示される位置でクリックする。
カーソルを手前に移動し、 緑の軸上 と表示される位置でクリックすると、手順 27 で選択した図形が時計回りに90度回転する。

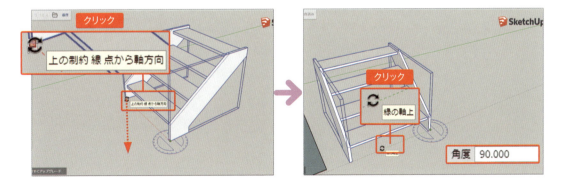

側板を段板に合わせて移動する

28 [選択]ツールで左右の側板だけを選択する。[移動]ツールを選択する。移動の基点として一番下の段板の右上頂点 [端点 in 段板] と表示される位置をクリックする。

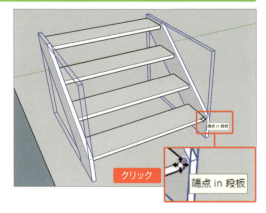

29 移動先として、踊り場の上にある階段の一番下の段板、右上頂点の [端点 in 段板] と表示される位置をクリックする。

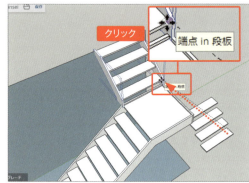

30 4段分の側板を作成するためにコピーした段板を削除する。L字階段が完成する。

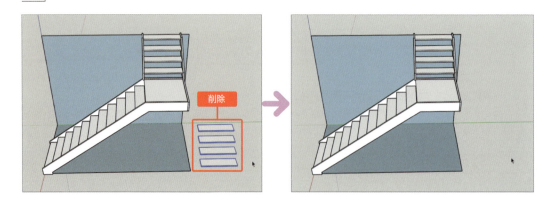

索 引

本書に登場する用語について、その掲載ページを紹介します。

英数字

[2点円弧] ツール ………… 036、101、200、208

[2点円弧] ツール（SketchUp Pro）…… 054

3D Warehouse ……… 018、019、116、180

[3D Warehouse...] ツール ………… 051

[3Dテキスト] ツール ………… 036

[3Dテキスト] ツール（SketchUp Pro）…… 053

[3点円弧] ツール ………… 036

[3点円弧] ツール（SketchUp Pro）………… 054

[Browse] ………… 185

Extension Warehouse ………… 019

[Extension Warehouse] ツール … 051

LayOut ………… 019

L字階段 ………… 254

PDFファイル ………… 024

[PNG] ………… 114、186

[Print] ………… 024、112

[Print to PDF] ………… 112

Sefaira ………… 019

SketchUp Shop ………… 019

SketchUp Studio ………… 019

SketchUp Viewer ………… 019

SketchUp透かし ………… 034

SKPファイル ………… 024

[SketchUpへようこそ] ダイアログ ………… 040

[SKPとしてダウンロード] ダイアログ ………… 029

Style Builder ………… 019

Trimble アカウント ………… 020

Trimble Connect ………… 019、024、092

[Trimble Connectからモデルを開く] ツール
………… 051

[Trimble Connectのコラボレーション
マネージャーを開く] ツール ………… 051

[Trimble ConnectをWebで開く] ツール …… 051

[X線] ツール ………… 052

あ行

赤い軸上 ………… 062

青い軸上 ………… 062

[アクティブカット] ………… 106

[アクティブシーンを削除] ………… 187

[アクティブなスタイルをコピー] ………… 111

[アスペクト比バーを消去してデフォルトの
カメラに戻る] ツール ………… 051

索 引

アニメーション	018
アングルを変更する	056
［移動］ツール	037、076
［移動］ツール（SketchUp Pro）	054
［今すぐアップグレード］ボタン	034
［印刷］ツール	054
［印刷プレビュー］	112
［インストラクタ］パネル	038
［隠線］ツール	052
インターフェース	034
インターフェース（SketchUp Pro）	046
［インポート］	109
［ウィンドウ］メニュー	044、045
［ウォーク］ツール	037
［ウォーク］ツール（SketchUp Pro）	051
［エクスポート］	114、186
エッジ上	061
エッジに垂直	063
エッジに平行	062
［エッジを反転］ツール	052
［円］ツール	036、073
［円］ツール（SketchUp Pro）	054
［遠近法］	058、213
［円弧］ツール	036
［円弧］ツール（SketchUp Pro）	054
［エンティティ情報］パネル	038、211
［扇形］ツール	036

［扇形］ツール（SketchUp Pro）	054
黄金比	072
［オービット］ツール	037、056、099
［オービット］ツール（SketchUp Pro）	051
［オフセット］ツール	037、099
［オフセット］ツール（SketchUp Pro）	054

か行

カーソル	034
カーソル（SketchUp Pro）	046
ガイド	119
［ガイド］	139、153、164、183、211
拡大／縮小	055
［影を表示／非表示］ツール	053
［回転］ツール	037、077
［回転］ツール（SketchUp Pro）	054
回転コピー	077
回転体	083
［回転長方形］ツール	036
［回転長方形］ツール（SketchUp Pro）	054
［角度の単位］	032
［影オフ］	110、184
［影オン］	110、184、241
隠しジオメトリ	210

［カメラ］メニュー ……………………… 059

［カメラの視錐台の容積を表示／非表示］ツール
……………………………………… 051

［カメラの視錐台のラインを表示／非表示］ツール
……………………………………… 051

［カメラを作成］ツール ………………… 051

［カメラを通してみる］ツール ………… 051

［カメラを配置］ツール ………………… 037

［カメラを配置］ツール（SketchUp Pro）…… 051

［環境設定］ …………………………… 045

［基本］ツールセット …………………… 050

曲面 ……………………………………… 202

球体 …………………………… 192、193

境界ボックス …………………………… 078

鏡像 ……………………………………… 079

鏡像複写 ……………………… 194、195

切妻屋根 ………………………………… 223

［切り取り］ ……………………………… 154

［切り取り］ツール ……………………… 054

グループ ……………… 088、089、091

［グループを作成］ ……………………… 089

［グループを閉じる］ …………………… 091

［消しゴム］ツール ……… 036、103、193、214

［消しゴム］ツール（SketchUp Pro）………… 053

［結合］ツール ………………………… 037

［結合］ツール（SketchUp Pro）………… 052

［現在のカメラを固定／固定解除］ツール …… 051

［現在のモデルのファイル操作］ボタン
……………… 025、026、027、033、035

［減算］ツール ………………………… 037

［減算］ツール（SketchUp Pro）………… 052

［交差］ツール ………………………… 037

［交差］ツール（SketchUp Pro）………… 052

交差窓選択 ……………………………… 067

交点 ……………………………………… 061

固定ピン ……………………… 206、207

［コピー］ …………………… 127、134

［コピー］ツール ………………………… 054

コピーモード ……… 076、102、121、130

［固有にする］ ………………… 227、255

コンテキストメニュー ………………… 035

コンテキストメニュー（SketchUp Pro）……… 047

コンポーネント ……………… 088、089、090、
091、178、253

［コンポーネント］パネル ……………… 038

［コンポーネントオプション］ツール …………… 054

［コンポーネントの属性］ツール …………… 054

［コンポーネントを共有］ツール …………… 051

［コンポーネントを作成］ ………………… 090

［コンポーネントを作成］ダイアログ …………… 090

［コンポーネントを作成］ツール …………… 053

［コンポーネントを閉じる］ ………… 091、235

索引

さ行

[最初から] ツール 052

[参照モデルをインポートします] ツール 051

[参照] .... 146、169、216、236

[サンプル マテリアル] ツール 036

[時間] ツール 053

[軸] ツール 037

[軸] ツール（SketchUp Pro） 053

自動フォールディング機能 224

自動保存 027

[尺度] ツール .... 037、054、078、079

尺度変更グリップ 078

[写真テクスチャ] ツール 053

[種類] ツール 054

[正面図] ツール 052

[終了] 041

[消去] 106

[所定の位置に貼り付け] .... 128、135、
154、237

シーンタブ 046

[シーンのアニメーションを再生します]
.... 89、243

[シーンを追加] .... 188、189、242

[シェーディング] ツール 052

自由ピン .... 206、207

[消去] ツール 054

[詳細を追加] ツール 052

[新規] 025

[新規]（SketchUp Pro） .... 042、043、054

[ズーム] ツール .... 037、055

[ズーム] ツール（SketchUp Pro） 051

垂直／平行に移動する 057

推定点 061

推定方向 062

スクリーンテキスト 074

スタイル 018

[スタイル] パネル 039

[スタンプ] ツール 052

ステータスバー 034

ステータスバー（SketchUp Pro） 046

[スプリット] ツール 037

[すべて] .... 060、126、133、179、231

[すべてのカメラを表示／非表示] ツール 051

[すべての変更を保存] ボタン 035

[スムーブ] ツール 052

[寸法] ツール 037

[寸法] ツール（SketchUp Pro） 053

正方形 072

セグメント数 .... 073、211

絶対座標 070

[線] ツール .... 036、070、071

[線] ツール（SketchUp Pro） 054

[選択] ツール .... 036、066、067、068

［選択］ツール（SketchUp Pro） ……… 053	端点 ……………………………………… 061
選択解除 ………………………………… 066	［断面カットを表示］ツール …………… 053
［選択範囲と交差］ ……………………… 222	［断面塗りつぶしを表示］ツール ……… 053
［選択範囲をズーム］ツール ………… 037	断面平面 ………………………………… 018
［選択範囲をズーム］ツール（SketchUp Pro）	［断面平面］ツール ………… 037、104、188
……………………………………… 051	［断面平面］ツール（SketchUp Pro） …… 053
［全体表示］ツール ……………… 037、059	［断面平面を表示］ツール ……………… 053
［全体表示］ツール（SketchUp Pro） ……… 051	［地形の切り替え］ツール ……………… 053
線の分割 ………………………………… 070	中央 ……………………………………… 061
前面左等角ビュー ……………………… 058	抽出 ……………………………………… 086
前面ビュー ………………… 058、212	中点 ……………………………………… 061
前面右等角ビュー ……………………… 058	［長方形］ツール ………………… 036、072
相対座標 ………………………………… 070	［長方形］ツール（SketchUp Pro） …… 054
［挿入］ ………… 107、159、172、181、203	直階段 …………………………………… 244
［測定］ツール ………………………… 053	ツールバー ………………… 034、036
測定ツールバー ………………… 034、069	ツールバー（SketchUp Pro） ……… 046、049
測定ツールバー（SketchUp Pro） ……… 046	追加選択 ………………………………… 066
［外側シェル］ツール …………………… 037	［テキスト］ツール ………………… 037、074
［外側シェル］ツール（SketchUp Pro） ……… 052	［テキスト］ツール（SketchUp Pro） ………… 053
	［テクスチャ］ …………………………… 204
	［テクスチャ付きシェーディング］ツール ……… 052
	［テクスチャの組み合わせ］ ……………… 170
	［デフォルトのトレイ］ ……………………… 110
た行	点から軸方向 …………………………… 063
	［テンプレートから新規作成］ …………… 042
［ダウンロード］ ………………… 024、029	［テンプレートからの新しいモデル］ ページ …… 025
ダブルクリック ………………………… 067	［テンプレートとして保存］ ……………… 045
単一選択 ………………………………… 066	

索 引

[等角] ツール ……………………… 052

[等高線から] ツール ……………… 052

[動的コンポーネントとの対話操作] ツール … 054

独自のテンプレート ………………… 031

[トップビュー] ……………… 058、122、126、
130、133、139

トリプルクリック …………………… 067

[トリム] ツール …………………… 037

[トリム] ツール（SketchUp Pro）…… 052

トレイ ………………………… 046、047

[ドレープ] ツール ………………… 052

な行

[長さの単位] ……………………… 032

[名前を付けて保存] ……… 027、033、096、120

[名前を付けて保存]（SketchUp Pro）……… 043

は行

[背面] ツール ……………………… 052

[背面エッジ] ツール ……………… 052

[背面左等角ビュー] ……………… 058

[背面ビュー] ……………………… 058

[背面右等角ビュー] ……………… 058

[場所を追加] ……………………… 240

[場所を追加…] ツール …………… 053

柱仕口 ……………………………… 232

パス ………………………………… 083

パネルバー ………………… 034、038

[貼り付け] ツール（SketchUp Pro）………… 054

半円 ………………………………… 062

半径 ………………………………… 073

反転 ………………………………… 079

[パン表示] ツール ………… 037、057、099

[パン表示] ツール（SketchUp Pro）……… 051

引き出し線付き文字 ……………… 074

引き出し線のない文字 …………… 075

[左側ビュー] ……………… 058、213

[左側面図] ツール ………………… 052

[日付] ツール ……………………… 053

[非表示] ……………… 060、124、230

[非表示のオブジェクト] ……… 060、204、206、
210、214

[ピポット] ツール ………………… 037

[ピポット] ツール（SketchUp Pro）………… 051

[ビュー] パネル …………………… 039

[ビューを揃える] ………………… 100

[標準ビュー] ……………………… 059

[開く] ……………………………… 026

［開く］ダイアログ ……………………… 030	［編集］メニュー ……………………… 126、127
［開く］ツール ……………………………… 054	［保存］ ………………………………………… 027
［表示］パネル ……………………………… 039	［保存］（SketchUp Pro） ………… 043、054
描画領域 ……………………………………… 034	［保存済み］ ………………………………… 027
描画領域（SketchUp Pro） ……………… 046	［ポリゴン］ツール ………………………… 036
［ファイル］メニュー ………… 041、042、043、	［ポリゴン］ツール（SketchUp Pro） ………… 054
045、109、190	
［ファイルを挿入］ダイアログ ………… 107、159、	
181、203	
［フォルダーを追加］ …………………… 096	
［フォローミー］ツール ………………… 037、083	**ま行**
［フォローミー］ツール（SketchUp Pro） ……… 054	
［プッシュ／プル］ツール ………… 037、081、082	マテリアル ……………………………………… 018
［プッシュ／プル］ツール（SketchUp Pro） …… 054	［マテリアル］パネル …………………… 032、039
［フリーハンド］ツール ………………… 036、202	窓選択 ………………………………………… 067
［フリーハンド］ツール（SketchUp Pro） …… 054	［右側ビュー］ ……………………………… 058
［プロジェクト］ページ ………… 026、027、028、	［右側面図］ツール ………………………… 052
030、033	［未使用のコンポーネントを削除］ ……… 032、182
［分解］ ……………………… 091、169、182	［未使用のマテリアルを削除］ …………………… 032
［分割］ ……………… 084、100、165、235、244	緑の軸上 ……………………………………… 062
［分割］ツール ……………………………… 052	［メジャー］ツール ……………………… 037、080
［分度器］ツール …………………………… 037	［メジャー］ツール（SketchUp Pro） ………… 053
［分度器］ツール（SketchUp Pro） ………… 053	メニュータイトルバー ……………………… 046
［分類］ツール ……………………………… 054	メニューバー ……………………………… 034、035
［平行投影］ ……………………………… 058、212	メニューバー（SketchUp Pro） ……………… 046
［平面］ツール ……………………………… 052	面 ……………………………………………… 071
［ペイント］ツール ……………… 036、086、087	面上 …………………………………………… 061
	面取り ………………………………………… 208

索 引

[面を交差] ·············· 085、197、199、222

[面を反転] ················· 145、193、212

モデリング機能 ·························· 018

[モデル／環境設定を開く] ボタン ······ 028、029、
030、031、035、240

[モデル情報] ···························· 044

[モデル情報] ツール ···················· 054

[モデル情報] パネル ·············· 032、039

[モデルと交差] ·············· 085、197、199

[モデル内] ············· 091、109、111、170、187

[モデルをTrimble Connectに公開] ツール
··· 051

[モデルを共有] ツール ·················· 051

[モデルを追加] ···················· 024、030

[元に戻す] ツール ······················ 054

[戻る] ツール ·························· 051

[モノクロ] ツール ······················ 052

ら行

[ラージツールセット] ···················· 050

輪郭線 ································· 068

[レイヤー] パネル ·············· 039、241、243

[レイヤ] ツール ························ 052

わ行

[ワイヤフレーム] ツール ·················· 052

や行

[やり直し] ツール ······················ 054

寄棟屋根 ································ 219

[送付先]／FAX 03-3403-0582 メールアドレス **info@xknowledge.co.jp**
インターネットからのお問合せ **http://xknowledge-books.jp/support/toiawase**

FAX質問シート

SketchUpパーフェクト　作図実践＋テクニック編

P.002の「必ずお読みください」と以下を必ずお読みになり、ご了承いただいた場合のみご質問をお送りください。

● 「本書の手順通り操作したが記載されているような結果にならない」といった本書記事に直接関係のある質問にのみご回答いたします。「このようなことがしたい」「このようなときはどうすればよいか」など特定のユーザー向けの操作方法や問題解決方法については受け付けておりません。

● 本質問シートでFAXまたはメールにてお送りいただいた質問のみ受け付けております。お電話による質問はお受けできません。

● 本質問シートはコピーしてお使いください。また、必要事項に記入漏れがある場合はご回答できない場合がございます。

● メールの場合は、書名と当質問シートの項目を必ずご記入のうえ、送信してください。

● ご質問の内容によってはご回答できない場合や日数を要する場合がございます。

● パソコンやOSそのもの、ご使用の機器や環境についての操作方法・トラブルなどの質問は受け付けておりません。

ふりがな

氏名　　　　　　　　　　　　　　　　年齢　　　　歳　　　　性別　男 ・ 女

回答送付先(FAXまたはメールのいずれかに○印を付け、FAX番号またはメールアドレスをご記入ください)

FAX ・ メール

※送付先ははっきりとわかりやすくご記入ください。判読できない場合はご回答いたしかねます。※電話による回答はいたしておりません

ご質問の内容 (本書記事のページおよび具体的なご質問の内容)
※例)2-1-3の手順4までは操作できるが、手順5の結果が別紙画面のようになって解決しない。

【本書　　　　ページ ～ 　　　　ページ】

ご使用のWindowsのバージョンとビット数 ※該当するものに○印を付けてください
　10　　8.1　　8　　7　　その他(　　　　　　　　　　)　　32bit ／ 64 bit

ご使用のSketchUpの種類とバージョン ※例)SketchUp Free バージョン1.2
(　　　　　　　　　　　　　　　　　　　　　　　　　　　　)

◆ 著者プロフィール

阿部 秀之（あべひでゆき）

有限会社アーキビット代表。一級建築士、一級建築施工管理技士。建築設計のほか、Webアプリケーション開発なども手がける。著書に『徹底解説 SketchUp』『SketchUpパーフェクト基本操作編』『AutoCADを200％使いこなす本』『AutoCAD逆引き大事典』『やさしく学ぶDraftSight』『7日でおぼえるDraftSight』（いずれもエクスナレッジ刊）などがある。

SketchUp パーフェクト
作図実践＋テクニック編
SketchUp Free & SketchUp Pro 2019 対応

2019年8月31日　初版第1刷発行
2022年4月8日　　第2刷発行

著　者 ···················· 阿部秀之

発行者 ···················· 澤井聖一
発行所 ···················· 株式会社エクスナレッジ
　　　　　　　　　　〒106-0032　東京都港区六本木7-2-26
　　　　　　　　　　https://www.xknowledge.co.jp/

問合せ先
編集 ···················· 271ページのFAX質問シートを参照してください
販売 ···················· TEL 03-3403-1321／FAX 03-3403-1829／info@xknowledge.co.jp

無断転載の禁止
本誌掲載記事（本文、図表、イラスト等）を当社および著作権者の承諾なしに無断で転載（翻訳、複写、データベースへの入力、インターネットでの掲載等）することを禁じます。
©2019 Hideyuki Abe